W0417989

La Travesía

GUSTAVO PIERA

La Travesía

18 claves para llegar a buen puerto

alienta
EDITORIAL

ALIENTA EDITORIAL
Planeta DeAgostini Profesional y Formación
España, Colombia, Perú, EEUU, Argentina, Chile, Venezuela, México, Uruguay, Ecuador
www.alientaeditorial.com

Diseño cubierta y maquetación: **www.talking-box.net**
Foto de la cubierta: © **Getty Images**
Ilustraciones diario de bitácora: **Josep Feliú**

© **Gustavo Piera, 2006**
© **Alienta Editorial 2006**
Planeta DeAgostini Profesional y Formación, S.L.
Barcelona, 2006

ISBN: 84-934859-1-8
Depósito legal: B.9232-2006
Impresión: Cayfosa
Impreso en España - *Printed in Spain*

Quedan rigurosamente prohibidas, sin la autorización escrita de los titulares del *copyright*, bajo las sanciones establecidas en las leyes, la reproducción total o parcial de esta obra por cualquier medio o procedimiento, comprendidos la reprografía y el tratamiento informático, y la distribución de ejemplares de ella mediante alquiler o préstamo públicos.

INDICE

Soy quien soy gracias a la influencia
de las personas que me rodean, por eso quiero
dedicar este libro a mis padres, que me han dado
la formación y el tesón que tengo,
a mi mujer Bárbara, que creyó en mí y me apoyó
en la aventura de crear CMR.

Y a mis tres hijos, Carlos, Marta y Kike,
ya que por ellos he tenido la energía,
la fuerza y la constancia de seguir adelante,
a pesar del alto precio que supone no haber
podido disfrutar de ellos cada día.

PRÓLOGO

Me he embarcado en la aventura de escribir este libro con la ilusión de llevar a buen puerto un proyecto apasionante: transmitir las claves universales para conseguir lo que cada uno se propone. Las he reducido a dieciocho. Porque dieciocho son las etapas que el velero de mi relato atraviesa antes de llegar a su puerto: La Habana. No es pura casualidad que dieciocho sean también los años que conducen hasta la mayoría de edad. En todo caso, cualquier cosa que iniciemos en la vida se convierte en un viaje, en el cual han de superarse, una a una, las dificultades que nos separan del fin perseguido. La travesía de mi velero es la misma travesía que realiza cualquiera de nosotros a lo largo de su vida y en cada una de las grandes decisiones que toma.

Como un velero en alta mar, la trayectoria de las personas puede zozobrar a la mínima inclemencia meteorológica; o, por el contrario, resistir contra viento y marea hasta alcanzar el puerto de destino. Entre Canarias y La Habana, el velero de mi relato, al que he bautizado *Mojito*, atravesará tempestades que no podrá esquivar y que lo apartarán de su rumbo. Pero frente al desánimo y la desesperación, la mar exigirá paciencia, constancia y tesón. En realidad, la actitud más eficaz no es luchar contra las olas, sino navegar a su favor, «correr el temporal» y esperar que amaine. Con la calma, el *Mojito*, como todos los veleros de nuestras vidas, podrá fácilmente dar un golpe de timón y poner rumbo de nuevo hacia su destino.

Ante todo, esta historia es una aventura escrita para el disfrute y la diversión del lector. Una historia que despertará recuerdos y emociones, provocará reflexiones y arrancará sonrisas y con la cual cada uno se sentirá identificado en los aspectos que le resulten más familiares. Sabemos que los libros se leen de manera diferente en función de la etapa de la vida que cada uno atraviesa: la travesía de Canarias a La Habana es un relato que puede transmitir algo nuevo en cada momento, apto para ser aplicado a todas las fases y esferas de la vida. Por lo tanto, no es un libro solamente para el mundo empresarial, sino para todo el mundo. Una historia en la que cada lector se reconoce a sí mismo, a través de los personajes y las jornadas de viaje, y en la que encuentra las respuestas a sus preguntas particulares.

Los seis personajes tienen la vista puesta en un fin tangible: llegar a La Habana. Pero, en realidad, son las emociones las que mueven a nuestra tripulación a embarcarse en esta aventura plagada de peripecias. Es el fin intangible: la búsqueda de nuevas sensaciones, de experiencias diferentes, de olores y sabores que despierten percepciones desconocidas, de evocaciones e imágenes que sean capaces de hacer latir el corazón como sólo lo ignoto puede hacerlo.

La historia se inicia en Las Palmas de Gran Canaria, punto tradicional de partida de los navegantes que atraviesan el Atlántico aprovechando la corriente favorable de los vientos alisios. Cuando las amarras se sueltan y el perfil de la isla se pierde en la lejanía, empieza la aventura diaria de sortear las dificultades que depara alta mar. Todo parece organizado y planificado cuidadosamente, hasta el último detalle, desde la composición de la propia tripulación hasta los recursos, las velas, la ruta, los elementos electrónicos... Nada debería fallar.

Sin embargo, la mar esconde muchos obstáculos imprevisibles que no es fácil vencer. En medio del océano, los problemas se acumulan y la moral colectiva decae rápidamente. Las situaciones se precipitan, las pormenorizadas previsiones realizadas antes de zarpar fallan una tras otra... y la tripulación necesita imperativamente que las cosas funcionen. No obstante, las dificultades no hacen más que agravarse. Los seis personajes se enfrentan a ellas de maneras distintas; en ocasiones equivocadas o, simplemente, distintas. La propia diversidad de visiones de la tripulación obliga a cada miembro del equipo a ser flexible: diferentes vías pueden conducir a soluciones igualmente válidas. En definitiva, la iniciativa, la creatividad y la energía se convierten en las mejores armas para hacer frente a las nuevas situaciones. Y, junto a ellas, la serenidad y la paciencia son las actitudes cruciales para abordar la manera de solucionar los problemas en cada momento. Las aventuras diarias irán desgranando los secretos del trabajo en equipo y de los roles personales en cada microcosmos social, y revelarán las claves para desempeñarlos con eficacia. La travesía, como ese viaje adelante que es la vida, exige un aprendizaje constante. Y son las lecciones del camino las que encierran las claves para alcanzar el objetivo, para cambiar intenciones por acciones, alejando la tentación de retroceder hacia el puerto de partida.

¿Por qué un viaje en velero? He querido establecer un paralelismo claro con la realidad; al fin y al cabo, la propia existencia no es más que un viaje sin retorno, y las múltiples dificultades que uno encuentra en alta mar (viento, marea, frío...) pueden compararse con las barreras que entorpecen nuestra trayectoria diaria. Una cubierta mojada y resbaladiza, una escota que no se puede amollar cuando más se necesita, una driza que se rompe o una vela hecha jirones desatan las mismas reacciones que nos asaltan en diversos momentos de nuestras vidas: frustración, furia, desánimo... Y, frente a ellas, sólo el control de las emociones, la búsqueda serena de una solución y el trabajo en equipo valen. En definitiva, uno no puede cambiar la dirección del viento, ni la fuerza del mar, ni el tamaño de las olas, ni la corriente que arrastra nuestro velero a la deriva, pero sí puede adaptar la orientación de las velas y del timón. O, simplemente, dejar de luchar inútilmente contra las olas y correr el temporal.

En pleno océano, como en la vida, la actitud frente a las adversidades, la paciencia, la serenidad y la constancia, son las que hacen que éstas puedan superarse. Al fin y al cabo, hasta las tormentas más violentas acaban por escampar. Detrás de los truenos, hay un sol que espera la calma para asomar de nuevo. Nuestra tripulación aprenderá que hay que tomarse la tormenta en serio... pero no hasta el punto de que el temporal acabe paralizando al equipo y bloqueando la búsqueda de soluciones. Frente a una vela rota o un accidente desafortunado, es necesario analizar el problema, diagnosticar sus causas y barajar las posibles soluciones antes de decidir y actuar. En definitiva, no preocuparse por las dificultades, sino ocuparse de ellas. A menudo, la mayor traba para nuestros planes es nuestra propia visión del problema.

Mis dieciocho claves para llegar hasta el puerto personal de cada uno de nosotros, reflejadas en dieciocho jornadas, se refieren a dos esferas indivisibles de los objetivos humanos: por un lado, nuestro yo. Por otro, nuestro entorno, lo que nos rodea, nuestro equipo. Hay que ser plenamente consciente de que los resultados no dependen sólo del individuo, sino también de las personas que lo rodean. Por eso, he dividido mis claves en dos mitades: nueve hacen referencia a nuestro yo. Las nueve restantes, a nuestro yo en relación con los demás. Pido al lector que dibuje su recorrido e identifique claramente en cuántos de los nueve + nueve puntos amenaza con hundirse su barco. En este libro encontrará las claves para superar, una a una, todas las dificultades que se presenten en su travesía particular.

INTRODUCCIÓN

Enrique tomó su diario de viaje, lo abrió por la primera página, anotó en el extremo superior derecho la fecha 17/12/2005 y comenzó a escribir en Las Palmas de Gran Canaria. «Heme aquí, amarrado en el muelle deportivo de esta luminosa ciudad, puerto de navegantes, después de tantos años anhelando este momento y de tantos meses de preparación, dispuesto a embarcarme en el gran sueño, el sueño de toda una vida, y de cumplir, por fin, mi promesa. Está claro que las decisiones no pueden aplazarse eternamente.» Al día siguiente, 18 de diciembre, a las cinco de la tarde, la tripulación zarpaba hacia La Habana. Lo habían preparado todo con tanto mimo y cuidado que casi era imposible que algo pudiese fallar. Enrique sabía que quizás pecaba de perfeccionista, pero se negaba a considerar la posibilidad de tener que volver atrás. Después de tanto tiempo planeando este viaje, sería un fracaso demasiado grande para él y una desilusión enorme para César.

No pudo evitar sonreír mientras recordaba aquella noche diáfana y estrellada de verano en que ambos se balanceaban sobre la bañera al ritmo de una mar plácida, rumbo a Ibiza. César tenía apenas doce años recién cumplidos y ya navegaba a solas con su padre. En la intimidad que los arropaba, Enrique le confesó uno de sus sueños más profundos: cruzar el Atlántico a vela. Y con su habitual energía, con ese carácter decidido que ya manifestaba de pequeño, César le arrancó una promesa: lo harían juntos cuando cumpliese los dieciocho años. Se le ponía la piel de gallina cuando pensaba en aquel día en que, seis años más tarde, un César hecho ya un hombre le recordó su promesa. Enrique lo convenció de que no era todavía el momento y aplazó de nuevo la decisión. «Cuando acabes la universidad», le dijo. Hacía un año, había comenzado a pensar en cumplir su palabra. Se acababa el plazo. A César le faltaba apenas un curso para licenciarse en Económicas y, dada la trayectoria seguida hasta el momento, no cabía duda de que se titularía en el plazo previsto. Como así fue. Y con muy buenas calificaciones. Pero el tiempo invertido en los estudios no le impedía recordarle a su padre, a la mínima oportunidad, su compromiso. Lo acribillaba a preguntas, lo asediaba con contactos de otros navegantes que habían realizado la misma locura y le mortificaba las cenas desplegando ante él mapas, rutas y cuanta información encontraba en sus navegaciones cibernáuticas. Sin embargo, Enrique no tropezaba más que con inconvenientes: «Mi pequeño y anciano velero resultaba insuficiente para una travesía tan larga. Y no tenía medios para adquirir un nuevo barco, ni siquiera poniendo en venta al viejo *Cormorán*», escribió en su cuaderno. Además, se encontraba tan atrapado por sus responsabilidades en la empresa que le aterraba la idea de ausentarse durante dos meses.

De repente, cuando estaba a punto de arrojar la toalla, sonó la llamada providencial de Ángel. Parecía que el azar colocaba ante sus ojos la oportunidad de su vida y no podía desaprovecharla. Un amigo de Ángel, un cubano afincado en Las Palmas, deseaba volver a su país y llevarse su velero para convertirlo allá en casa flotante. Pero, a sus setenta y tantos años, no se veía con fuerzas para emprender tan largo viaje. Al día siguiente, Enrique contactó con Zacarías Reguera y le pareció una persona excepcional, amante empedernido del mar y conocedor de todos sus secretos. Casi podía percibir su aroma de salitre a través del teléfono. Hablar con él le brindó el empuje definitivo:

«Enrique –se dijo–, tienes cincuenta y cuatro años, una empresa que funciona lo bastante bien como para poder prescindir de ti durante dos meses y un hijo al que no puedes fallar. O ahora o nunca».

Al cabo de dos semanas, padre e hijo volaban a Las Palmas para conocer al *Mojito* y a su patrón. Enrique se enamoró inmediatamente de la línea majestuosa del velero, su alto francobordo y su cubierta de teca. Cuando salieron a navegar, acompañados de Zacarías, la vela mayor en su robusto mástil erguido, el génova enrollable y el spinnaker rojo, imponente, acabaron de seducirlo. A César el barco le pareció amplísimo, con sus cuarenta y cinco pies, sus tres camarotes y su espaciosa bañera. En todos los rincones se respiraba la personalidad de un velero que ya había surcado el Atlántico en otras dos ocasiones. Podían palparse, impregnadas en la madera, las experiencias inolvidables, las miles de horas de navegación, los temporales capeados, las calmas, las noches... «Nos cautivó, ésa es la palabra», anotó Enrique. Llegar a un acuerdo con Zacarías Reguera fue pan comido: solamente les exigió que el barco se hallase en Cuba a la primavera siguiente... y que lo cuidasen con tanto mimo como él lo había hecho durante veinte años.

Desde entonces, habían pasado siete meses en los que Enrique y César no dejaron de pensar en la travesía ni un sólo día. Prácticamente, habían dedicado todo su tiempo libre a realizar los preparativos. Primero, necesitaban una tripulación. No parecía nada razonable embarcarse los dos solos. Enrique escogió a Paco: un hombre sereno, deportista hasta la médula, aventurero de vocación. A través de los años, desde que ambos eran adolescentes y compartían su pasión por los deportes y, por qué no decirlo, por las mujeres, Paco había mantenido intacta su capacidad de sorprenderlo. «¡Este loco ha subido al Himalaya y ha cruzado el Mediterráneo con una tabla de windsurf! Entre otras proezas...», escribió Enrique sonriendo. ¿Qué mejor compañía a bordo del *Mojito*? Además, después de tanto tiempo manteniendo el contacto con apenas dos llamadas al año, la preparación de este viaje había supuesto un reencuentro para ambos. «Y es que las buenas amistades se conservan con poco esfuerzo», se dijo.

En manos de César quedó la misión de configurar el resto de la tripulación. En realidad, hubiesen podido navegar perfectamente los tres solos pero César quería compartir una experiencia tan intensa con alguien más cercano a su edad. Y ahí estaban Javier y Toni, ansiosos por zarpar. A Enrique, Javier le pareció perfecto desde el primer momento, pues su dominio de la vela ligera le había proporcionado una notable soltura en alta mar. En cambio, el único conocimiento de navegación de Toni se limitaba a unas cuantas piruetas sobre un patinete de playa. Por ello, consideró imperativo aleccionarlo sobre algunas nociones básicas a bordo del Cormorán, lecciones que también aprovechó el resto de la tripulación para conocerse mejor. A ello habían dedicado los fines de semana de los tres últimos meses. Todos estaban satisfechos del resultado. «Pero, en definitiva –reflexionó Enrique–, lo más importante es el apoyo que van a prestar a César estos dos jóvenes (tan diferentes entre sí, por cierto)».

Si había de confesar cierta preferencia, se decantaba por Javier. Le parecía un chico serio, maduro, buen estudiante, con alma de triunfador. A menudo, durante los últimos años, lo había visto por casa, siempre con aspecto impecable, cargado de libros. Era consciente de que había ejercido una influencia importante en César y su éxito en la universidad. De Toni, sin embargo, había algo que no le agradaba del todo. Caprichoso, consentido... demasiado juerguista para su gusto. Parecía querer conquistar el mundo con su aspecto deliberadamente descuidado, con aquellos rizos de oro que le caían sobre la frente y que le conferían un aspecto de *enfant terrible*. Siempre le pareció poco serio, aunque no había osado cuestionar su elección ante César. La travesía que estaban a punto de emprender era el sueño de ambos y su hijo tenía derecho a escoger su compañía.

Además, con seguridad el viaje no estaría libre de sorpresas. Cuando parecía que la compacta tripulación alcanzaba su equilibrio, había aparecido Marta, una de las muchas personas que viajan hasta Las Palmas para enrolarse en algún barco que cruce el océano. Como en los puertos todo el mundo se conoce, alguien debió de derivarla hacia el *Mojito* ya el segundo día que pasaban en el muelle deportivo. «¿Habremos acertado aceptando su compañía?», se preguntó Enrique. Inicialmente, lo tenían claro: no necesitaban a nadie más a bordo. Pero, al parecer, a Paco y a César, que trabajaban en la cubierta cuando ella se presentó, los cautivó inmediatamente. Quizás fuese su aspecto desaliñado de trotamundos o esa aura enigmática que envuelve a las personas que han recorrido el planeta. El caso es que Paco y César insistieron en que el *Mojito* necesitaba a bordo un componente femenino y, durante la cena de ese día, lo sometieron a reflexión. Como patrón que era del barco, Enrique aceptó considerarlo con una condición: antes, debían conocer cuáles eran sus habilidades y conocimientos de navegación, y, sobre todo, cuál era su actitud. Así que la buscaron en la cafetería del puerto a la mañana siguiente y le propusieron salir a navegar con ellos. Para sorpresa general, demostró más soltura a bordo del velero que incluso algunos miembros de la tripulación. «Confieso que dejé voluntariamente que el spinnaker cayese al agua en una maniobra desatinada», escribió Enrique. Y Marta reaccionó de inmediato. Ella sola pudo recoger la escota y embarcarlo de nuevo. Esa misma noche, abandonó su pensión y ocupó el pequeño camarote individual de popa, a lo cual César no opuso objeción alguna. Al contrario, compartiría encantado el camarote de Javier y Toni.

Marta era poco habladora, pero había confesado sentirse a gusto. Se mostraba ilusionada con la idea de acompañarlos. Así pues, la noche anterior, los cinco tripulantes se reunieron en el camarote de proa, mientras ella esperaba en la bañera, nerviosísima, según pudo deducirse de sus gestos. «Exigí realizar un listado de pros y contras... y ganaron con claridad los pros.» Había que aceptarlo: Marta cuadraba perfectamente en el equipo. Aportaría un componente femenino a la experiencia, pero, sobre todo, su presencia proporcionaría una cierta tranquilidad: era una ATS experimentada, por lo que podría ocuparse del botiquín y los primeros auxilios, inicialmente adjudicados a Paco. A éste, Enrique le enseñó en pocas horas a desenvolverse con el cuaderno de bitácora y el libro de a bordo, donde cualquier tripulación que se precie ha de anotar, diariamente, los datos más importantes de la navegación: longitud y latitud, por supuesto; y también rumbo, dirección del viento y millas navegadas. Pero Enrique, que conocía perfectamente la afición de su amigo a escribir ("plumífero", le llamaba, cuando le veía con el bolígrafo en la boca, ensimismado, hilvanando frases), le encargó además una tarea adicional, que solamente un cuaderno de bitácora tan especial como el del *Mojito* podría contener: una conclusión diaria, una frase, que a modo de resumen, les sirviese para darse cuenta de cómo avanzaban... no solamente en la navegación... sino en el conocimiento de sí mismos. Paco aceptó encantado: la responsabilidad no le suponía ningún peso. Cada día, rebuscaría en lo más profundo de su inspiración para encontrar la frase más adecuada.

Y Enrique se quedó tranquilo. El nuevo reparto de tareas lo liberaría para estar más pendiente de las guardias y el mantenimiento general y, sobre todo, para disfrutar del viaje. César seguiría con la electrónica, que ya dominaba a la perfección. Y Javier y Toni se sentían plenamente a gusto con sus responsabilidades en el mantenimiento de las velas y la cocina. «Después de cuanto nos ha costado llegar hasta aquí –rogó Enrique– espero que azar, suerte y destino se alíen a nuestro favor para acompañarnos con vientos propicios y a toda vela. Tantos sacrificios e ilusiones merecen una recompensa.» Llegar a La Habana antes del 6 de enero sería el perfecto regalo de Reyes para las respectivas familias, que habían aceptado a regañadientes pasar las Navidades lejos de ellos. Pero no quedaba otro remedio. Si querían aprovechar la corriente de los vientos alisios, tenían que zarpar necesariamente el día 18.

Habían aterrizado en Las Palmas cinco días antes de la fecha señalada. ¡Quedaban tantas cosas por preparar! El trabajo había sido intenso, pero también emocionante. A la llegada, comprobaron que, tal como imaginaban, Zacarías había dejado el velero en perfectas condiciones para navegar, deslumbrantemente limpio y se diría que ansioso por echarse al océano. A pesar de ello, Enrique quiso realizar una serie de comprobaciones que consideraba de rigor. Habían desmontado los plafones del suelo para conocer dónde se ubicaban las posibles vías de agua, los puntos débiles del *Mojito*. También habían verificado con satisfacción que la potabilizadora y el grupo electrógeno que Enrique encargó por teléfono habían sido instalados según lo previsto y funcionaban estupendamente. Habían examinado minuciosamente mástil, jarcia y hélice y habían comprobado que el motor no perdiese aceite y que el timón no hiciese juegos sospechosos.

Satisfechos por el perfecto estado en que habían encontrado el *Mojito*, habían salido a navegar diariamente para conocer a la perfección el barco. Finalmente, habían cargado un depósito con doscientos litros de gasoil y otros dos con quinientos litros de agua. Y habían realizado las últimas compras: un extintor, un taladro para reparaciones de urgencia, escotas nuevas y todos los recambios imaginables. «Sé que por mucho tiempo que uno invierta en preparar algo, siempre surgen imprevistos», escribió Enrique en su diario. ¿Qué podía fallar a bordo del *Mojito*? «Nosotros no. Nuestro equipo está preparado para hacer frente a lo que quiera que la mar nos depare.»

CUADERNO DE BITÁCORA
DIARIO A BORDO

HOJA Nº 1

Patrón : Enrique

Tripulación : Cesar-Toni-Marta Paco-Javier

Singladura : Las Palmas de Gran Canaria - La Habana

Fecha : 18.12.2005

Hora HRB	Latitud	Longitud	Rumbo	Viento Direc.	Mar	Millas Nav.	Acaecimientos-Meteo-Observaciones Barómetro-Temperatura
17.h	26° 32´ 40"	18° 56´ 57"	220°	20 n/SW	Rizada	0	Partimos del puerto. 24° de Temperatura. Buen tiempo. presión 1020.

Conclusiones del día

JORNADA PRIMERA

Longitud 018º 56' 57" W
Latitud 26º 32' 40" N

UN MAR DE DUDAS

Las diez en punto de la mañana y Toni no aparecía. Como si lo hubiese engullido el océano. César y Javier lo habían estado buscando hasta altas horas de la madrugada en todos los garitos del puerto y en algunos pubs del centro, pero regresaron sin pista alguna sobre su paradero. Mientras Enrique se irritaba pensando que al día siguiente debían zarpar sin falta, Paco apelaba al sentido común y aconsejaba irse a dormir y esperar a la luz del día antes de alertar a nadie. Al fin y al cabo, Toni era un chico desenvuelto que seguramente se estaría divirtiendo en algún rincón de la ciudad. De hecho, sus amigos sabían que ésa era la opción más probable. Llevaba días comportándose de forma extraña, ausentándose del velero con cualquier excusa. Pero César y Javier se abstuvieron de manifestar sus sospechas. Ambos pasaron la noche asomándose al puente de embarque cada vez que oían el más mínimo ruido. Pero nada. Al día siguiente, Toni seguía sin aparecer y la tripulación, que había ocupado las primeras horas del día en revisar, por última vez, los aparejos, se planteaba seriamente encaminarse hacia la comisaría.

Por fortuna, la suerte movió ficha y desde lo alto del mástil, suspendido por un arnés, mientras comprobaba la bombilla de tope y la veleta de viento, Javier observó claramente a un Toni de aspecto abatido doblar la esquina que separa el puerto de la ciudad. A voces de «¡ahí llega!» alertó a sus compañeros. César asomó rápidamente desde el compartimento del motor y Javier descendió casi de un salto del mástil. Enrique, Paco y Marta, en cambio, prefirieron permanecer en el interior.

Toni se vio embargado por una tremenda tristeza cuando se percató de que sus dos amigos salían corriendo a recibirlo al muelle, rebosantes de alegría. Se sentía preso de la vergüenza y de la rabia. No sabía cómo podría explicar lo ocurrido. Sin embargo, para su sorpresa, no escuchó de labios de César y Javier ni un solo reproche. Simplemente le manifestaron que habían estado muy preocupados. Ninguno de los dos se dio cuenta de que Toni volvía al barco con las manos vacías. Quizás habían olvidado que cuando desapareció, la tarde anterior, salía a realizar las últimas compras antes de zarpar: un par de linternas, cable eléctrico, un taladro a batería y cinta aislante.

Al pisar el suelo recién lavado del *Mojito*, una inmensa nostalgia se apoderó de él.

–Vaya mala cara que traes –observó Javier.

A lo cual Toni respondió con un escueto:

–Ya.

–¿Pero se puede saber qué te ha pasado? –preguntó César.

–Deja que primero me asee un poco y os lo cuento, ¿vale?

En el pasadizo, se encontró con Paco, que lo saludó con un apretón en el hombro, y con Marta, que le dedicó una sonrisa aderezada con tintes de reproche. Tras mudarse de ropa y regarse con agua de colonia, Toni se reunió con sus dos amigos, acompañados de Paco, en el comedor. Frente a ellos, cuatro tazas de negro y humeante café recién hecho, cuyo cálido tacto en los labios le provocó un placentero estremecimiento. Llegaba el momento de dar explicaciones. Pero, en lugar de eso, sólo acertó a decir:

–Creo que será mejor que no embarque.

–¡¿Cómo?! –exclamó Javier–. ¡¿Te has vuelto loco?!

–Veréis, es que... lo he estado pensando... y creo que esto no es para mí. Prefiero quedarme unos días aquí en Las Palmas... y luego regresar a casa, a Barcelona.

–Pero, ¿a qué viene este cambio repentino de planes? –le preguntó Paco, con un tono de voz tan calmado y conciliador como le fue posible–. ¿Puedes explicarnos qué es lo que ha pasado?

–De acuerdo. Os lo debo. Hace unos días, en un supermercado del centro, conocí a Karin, una alemana que lleva cinco meses viviendo en Las Palmas.

–Ya me olía yo que esto era una historia de faldas... –se permitió decir César.

–La he visto algunas veces más durante estos días. Ayer me la encontré en el centro y me propuso ir a una fiesta con ella. Me acompañó mientras acababa de hacer las compras que me había pedido Enrique, lo cargamos todo en su «dos caballos» y nos fuimos a una fábrica de cerámica abandonada que hay en una colina cerca de aquí. Un lugar increíble, no os lo podéis ni imaginar. La naturaleza se está comiendo literalmente las paredes, me quedé alucinado. También me gustó la gente. Ella me presentó a muchos colegas suyos; unos tíos estupendos que me ofrecieron de todo sin ni siquiera pedirlo...

–¿De todo?

–Ya sabéis; coca, pastillas... Me controlé, ¿eh? No me pasó nada. Lo único es que el alcohol y el cansancio de toda la noche bailando me dejaron echo polvo y me he despertado esta mañana durmiendo en el suelo, con Karin, a unos metros de la fábrica, cerca de donde habían estado aparcados mogollón de coches. Pero allí ya no había nadie, y encontramos el «dos caballos» de Karin con la luneta trasera reventada.

–¡Unos tíos estupendos, sí señor! –ironizó Paco.

–Las compras que hice ayer han volado... y también el dinero que me sobró. Alguien me lo robó de la chaqueta.

–¿Se llevaron tu documentación? –preguntó Paco.

–No, la cartera la llevaba en el otro bolsillo y ni la tocaron.

–Entonces la cosa tampoco es tan grave.

–Sí, sí lo es. Hoy zarpáis hacia Cuba y necesitáis un montón de cosas que yo tenía que haber traído. En lugar de eso, vuelvo de vacío y sin vuestro dinero.

–No es para tanto; no nos vamos a arruinar por eso. Y tenemos tiempo de sobra para salir a comprar de nuevo lo que nos falta –quiso tranquilizarlo Paco–. Lo que nos estás contando no es motivo para abandonar.

No obstante, para Toni la decisión estaba tomada. No solamente por lo sucedido la noche anterior, sino porque creía que quizás el mar no era lo suyo. Sería mejor retirarse antes de embarcar. Dieciocho días de navegación son muchos si uno no está plenamente convencido. Además, le resultaba más atractivo quedarse en la ciudad, aprovechar la compañía de Karin, que conocía palmo a palmo aquella fabulosa isla, y volver a casa a mediados de enero. Pocos minutos después de su conversación en la cocina, Enrique llamó a la puerta del camarote donde Toni ya preparaba sus cosas para marchar.

–Me han comunicado tu decisión. ¿No te parece algo precipitada?

En sus ojos, Toni pudo entrever el reproche, la decepción. «Claro, don Perfecto no acepta que vayas a contracorriente», pensó.

–No, creo que no –respondió mientras embutía sus cosas en la mochila–. En cualquier caso, tampoco tengo mucho tiempo más para pensarlo. Zarpáis esta misma tarde.

Enrique lo sorprendió con una respuesta que no esperaba:

–Pero digo yo que, por lo menos, tendríamos que hablarlo los seis. Somos un equipo.

–Bueno, como quieras. Pero lo mejor es que no os acompañe.

–Está bien, yo respeto tu decisión. Sólo te pido que te sientes con nosotros a discutirlo.

Encontró a los demás esperándolo alrededor de la mesa y se sintió como un reo frente al tribunal que lo ha de juzgar. Sus piernas lo invitaban a huir corriendo y su mente se mostraba reacia a realizar el esfuerzo de justificarse y reflexionar ante los demás. La situación le resultaba incómoda pero se veía obligado a afrontarla. Así que se sentó con gesto resignado, dispuesto a escuchar cuantos reproches le llovieran. Comenzó Enrique, como era de esperar. Por algo era el patrón.

–Toni, nuestra intención no es obligarte a cambiar de opinión. Ya te lo he dicho, respetamos lo que hayas decidido. Pero tampoco queremos que te quedes en tierra con una venda en los ojos. Sólo te pedimos que escuches qué es lo que pensamos. Y, sobre todo, que sepas que el tema del dinero y las compras no debe preocuparte en absoluto. ¡Si supieras cuántas cosas he perdido yo a lo largo de la vida! Todos cometemos equivocaciones. Y compartirlas con los demás las hace más llevaderas. Ahora que nos has explicado tu aventura de esta noche, nos reímos juntos de la situación y fin de la historia.

–Eso, ¿qué demonios hacías durmiendo en medio del campo en pleno mes de diciembre? Ya sé que estamos a dos pasos del trópico, pero aun así, ¡te habrás despertado helado! –preguntó César intentando dar un giro divertido al asunto.

–Y con el culo al aire –susurró Paco con sorna.

A lado y lado de la mesa, se intercambiaron miradas de complicidad y sonrisas de media burla. Toni enrojeció al sentirse blanco de la mofa de sus compañeros.

–Sí, helado, desvalijado y con resaca. ¡Hecho una pena!

–No es para tanto. Nada que un buen almuerzo y una buena ducha no puedan remediar –lo ayudó una Marta dulce. Y, tras unos instantes callada–: Es nuestra última comida en tierra antes de zarpar hacia el otro lado del charco. Tardaremos mucho menos que Colón, pero creo que la emoción que sentiremos cuando divisemos el «Nuevo Continente» será la misma. Yo te conozco desde hace sólo tres días, Toni, pero me apetece que lo vivamos juntos. Piensa un poco en nosotros, anda. Eres importante para nuestro equipo. Somos seis y, sin ti, estoy segura de que los días en alta mar no serán igual.

–Lo siento, Marta, de verdad. Os he fallado.

–No –dijo Paco–. Somos nosotros los que te hemos fallado a ti. No nos hemos ganado tu confianza. Si hubieses confiado en nosotros, habríamos sabido dónde buscarte esta noche.

–Sí, en realidad no sé por qué os he ocultado lo de Karin.

–En verdad, Toni, las cosas a menudo son mucho más sencillas de lo que pensamos –aseveró Paco.

–Y tú eres una pieza clave en nuestro equipo –dijo Javier–. Estás aquí porque nos importas, porque confiamos en ti... ¡Qué caray! ¡Yo sí quiero que cambies de opinión! ¡No pienso quedarme sin comer durante veinte días!

–La despensa está que rebosa de conservas liofilizadas, nueces, pasas y frutas en almíbar. ¿De verdad crees que puedes morir de inanición?

–¡Pero quedamos en que te encargarías de la cocina! Me negaré a comer ningún plato que no preparen tus sabias manos de chef.

–Por favor, Javi, sabes perfectamente que no tengo ni idea de cocinar.

–Sí, y también sé que en los últimos meses has estado empollando libros de recetas y persiguiendo a tu madre en la cocina para poder darnos de vez en cuando algo comestible.

–Chicos, de verdad, creo que podréis arreglároslas sin mí.

César, que había guardado silencio durante toda la conversación, esperando ver hacia dónde derivaba el asunto, intervino por fin:

–Toni, te voy a ser muy sincero. Cuando uno emprende algo tan importante como es este viaje para todos nosotros e invierte tantos meses en prepararlo minuciosamente, como lo hemos hecho, no puede tirar la toalla al mínimo inconveniente. Has aprendido a navegar partiendo de cero, has sacrificado casi todos tus domingos para construir con nosotros un equipo... No puedes tener tan poca fuerza interior que cualquier problema te haga abandonar.

–Quizás no esté del todo preparado para este viaje. Además, también está Karin.

–Yo sé que Karin no es el motivo de este cambio. La acabas de conocer. Y además, siempre podrías volver a verla más adelante.

–Por favor, no insistáis más –pidió Toni.

Paco se levantó de repente, sin mediar palabra, y se dirigió al camarote de popa. Al cabo de unos instantes, regresó con un grueso libro en las manos. Era el flamante cuaderno de bitácora, a punto de ser estrenado esa misma tarde. Lo depositó sobre la mesa y lo abrió con cuidado por la primera página, donde estaban escritos los nombres de los miembros de la tripulación del *Mojito*. Ante los pasmados ojos de Toni, tomó un lápiz y tachó con trazo grueso su nombre.

–Ya está. Hecho. Puedes irte.

Durante eternos segundos, nadie osó articular palabra. Finalmente, Toni rompió el tenso silencio levantándose de la mesa. Nadie lo siguió. A solas, en la bañera, tremendamente entristecido por la actitud de Paco, quiso concederse unos instantes para reflexionar sobre lo que estaba a punto de hacer. ¿Qué confluencia de factores estaba provocando que, de repente, todas las ilusiones depositadas en aquel proyecto se convirtieran en la desmotivación que lo embargaba? Karin, la rabia por haber sido robado, el miedo a los reproches, la poca confianza que había demostrado tener en ellos... Se sentía abrumado por lo sucedido, pero sobre todo porque las palabras de sus compañeros habían desenterrado el recuerdo de otras situaciones demasiado semejantes a ésta. Uno a uno, fue repasando los muchos proyectos que, a lo largo de su vida, había iniciado con ilusión y energía y que, sin embargo, nunca había llevado a término. Siempre, invariablemente, se interponía en el camino un proyecto más apetecible, que le hacía desviar la atención hacia otro lado. ¿Qué le pasaba? «Soy como una veleta, que cambia de dirección según el viento –pensó entristecido–. Hasta hoy, no he sido yo quien ha dirigido mi vida, sino que he dejado que las circunstancias lo hicieran. Siempre me ha faltado constancia... y responsabilidad. Si analizase bien las cosas antes de tomar decisiones, no tendría que abandonar después a medio camino. Por una vez, tengo que ser consecuente con lo decidido y no dejar que cualquier obstáculo me desvíe de mi destino.»

César salió al encuentro de Toni media hora más tarde y lo halló sentado, cabizbajo. Verdaderamente, el aspecto físico de su amigo no era nada envidiable. Se sentó junto a él y le colocó una mano sobre la rodilla.

–Tenéis razón –dijo por fin Toni–. No puedo dejaros, no tengo derecho. Sois mi equipo.

–¡Dios, cómo esperaba oírte decir eso! –exclamó César, feliz, mientras abrazaba la cabeza despeinada de su amigo–. ¡Gracias!

–No, gracias a vosotros por haberme hecho comprender que estaba a punto de hacer otra tontería: sustituir una ilusión de tantos meses por un proyecto pasajero, que me ha nublado la vista. Me sucede a menudo. En mi mente, los impulsos más recientes siempre son los más fuertes. Y no me dejan ni ver ni sentir; me confunden tanto que soy incapaz de distinguir entre causas y consecuencias... Sin darme cuenta, me dejo llevar hasta despertarme en otro lugar, con otras ideas y otras gentes. Por eso, empiezo muchas cosas, pero no acabo ninguna.

–Bien, pues ésta es tu gran oportunidad. Demuéstrate que puedes llegar a La Habana... Sobre todo porque, una vez que embarques, ya no hay vuelta atrás. ¡No te dejaremos escapar en el bote salvavidas! –rió César.

Tres horas después, Paco y Javier habían realizado de nuevo

las compras perdidas. Toni había conseguido echar una cabezada y su imagen, recién salido de la ducha, había mejorado notablemente. Marta, César y Enrique, tras llevar a cabo los últimos preparativos, se sentían absolutamente satisfechos con el estado impecable en que el velero se disponía a partir. Pero antes, se reunieron en el bar del puerto con el resto de la tripulación para realizar la última comida en tierra firme: un delicioso conejo en adobo acompañado de papas arrugadas con mojo picón. Regado con un poderoso vino tinto, denominación de origen «La Palma». A las cinco en punto de la tarde, con una mar plácida y un viento de veinte nudos, el *Mojito*, por fin, abandonaba Las Palmas de Gran Canaria al encuentro de los alisios que lo habrían de empujar hasta La Habana.

JORNADA SEGUNDA

Longitud 020º 01' 53" W
Latitud 25º 42' 23" N

FALSAS APARIENCIAS

A pesar de la bonanza con que habían zarpado de Las Palmas la tarde anterior, la noche los sorprendió con una molesta y persistente lluvia, que obligó a realizar las guardias en traje de aguas. Las primeras gotas ya hicieron acto de presencia antes de vislumbrar el último reflejo del puerto de Las Palmas y de recibir el adiós entrecortado de su faro. En contra de los partes escuchados por la radio, no parecía que la primera noche fuese a presentarse fácil. A pesar de todo, las emociones del día mantuvieron a la tripulación reunida alrededor de la mesa hasta bien entrada la noche. Toni fue el primero en retirarse, tras una infructuosa lucha por mantener los párpados abiertos. Y, tras él, Enrique, Javier y Marta. César y Paco serían los encargados de enfrentarse a la dureza de las circunstancias en la primera de las guardias, que se habían establecido en grupos de dos y a intervalos de cuatro horas. Una férrea disciplina en la que Enrique había insistido hasta la saciedad. Sin excusas. En cada guardia, habría un responsable y un apoyo, que solamente actuaría cuando la necesidad o la emergencia lo requiriesen. De este modo, por ejemplo, en caso de una hipotética caída al agua del responsable de la guardia, el apoyo podría dar la voz de alerta. Se había estipulado además que nunca se moverían por el exterior sin una luz química en el bolsillo y, por la noche, una bengala y un brazalete de luz intermitente.

La primera guardia nocturna de César y Paco no fue precisamente pan comido. Aun así, la borrasca los compensó en lo que se refería al viento: la mar, de uno o dos metros, había aumentado considerablemente a lo largo de la noche. Así se lo comunicaron a los primeros compañeros que asomaron a cubierta en la madrugada: el *Mojito* había navegado casi todo el tiempo al 220. La euforia se apoderó de la tripulación. La lluvia les había chafado las primeras horas de travesía, pero el viento soplaba a su favor.

Sin embargo, olvidados los chubascos de la madrugada y con el sol de mediodía brillando en todo su esplendor, el viento amainó de repente a fuerza tres, lo cual obligó a izar toda la vela mayor. Pero el barco no recuperaba su velocidad y, antes que resignarse a quedarse prácticamente parados, Enrique quiso hacer un último intento y dio orden de que se izase también el spí. En cubierta se encontraban Javier y Marta, de guardia, acompañados de César. Aplaudieron la propuesta de Enrique, dado que ansiaban seguir avanzando a buen ritmo; descontar grados de latitud en el cuaderno de bitácora era el mejor incentivo para los jóvenes navegantes. Así pues, se pusieron rápidamente manos a la obra. Mientras César sujetaba la vela con la braza y la escota, Javier, en la bañera, recogía la driza y Marta izaba el spinnaker. De repente, un golpe desafortunado de viento hinchó la vela en décimas de segundo y Javier, que no había cerrado el freno, notó escaparse la driza entre sus manos. Al cerrar los puños para intentar atraparla, sintió una amarga quemazón. Evidentemente, no llevaba los pertinentes guantes de trabajo.

–¡Spí al agua! –gritó.

–¡Y manos quemadas! –respondió César al ver el gesto de dolor de su amigo.

El *Mojito* llevaba en ese momento una velocidad de cuatro nudos y, en apenas unos instantes, pasó por encima de la vela caída, que se enganchó rápidamente en la quilla y, si la fortuna no les sonreía, probablemente lo haría también en la hélice. El notable barullo causado por el incidente atrajo de nuevo a Enrique a la cubierta, quien encontró a los tres tripulantes intentando embarcar el spí. Pero éste oponía resistencia y parecía evidente que no podrían sacarlo del agua con facilidad. Era necesario parar el barco. Mientras César y Javier sujetaban la vela por la escota y la braza, Enrique se hizo cargo del timón, y comenzó a aproar el *Mojito* cara al viento.

–¡Hay que tirarse al agua y desenredar la vela! –le dijo a Marta–. Ponte el arnés de seguridad.

–¡Uf!... ¡Con lo fría que debe de estar! – respondió Marta mientras la recorría un escalofrío.

–Bueno, alguien se tiene que tirar, ¿no? – respondió César sonriendo desde el otro lado–. Tranquila, que no encogerás.

–No, ya lo supongo... pero, ¿no se puede tirar otro?

–¡Ja, ja, ja! –rió Enrique–. Te aseguro que en estas aguas todavía no hay tiburones. ¡Venga, mujer, tírate ya, que acabaremos rompiendo la vela del todo!

–¿Tienes miedo de tragar agua salada o qué? – gritó Javier.

Con cara de acorralada, Marta confesó:

–Es que no sé nadar demasiado bien.

–¡Vaya por Dios! –exclamó César quitándose la camiseta–. ¡Pues ven a sujetar la escota!

Efectivamente, el agua estaba fría. Pero, eso sí, tal como había prometido Enrique, no se divisaban tiburones en las cercanías. César comprobó que, por suerte, el spí no se había enredado en la hélice y, tras sucesivas zambullidas, consiguió desengancharlo de la quilla. Aterido de frío, en apenas quince minutos estaba de nuevo a bordo. Y esta vez sí, los cuatro tripulantes embarcaron el spí en un santiamén. Rápidamente, Javier trepó al mástil y pasó la driza de nuevo por su polea, maniobra que no fue fácil, puesto que la mar de un metro balanceaba considerablemente el palo. Mientras César y Marta izaban la vela, Javier advirtió desde arriba que el incidente había causado un notable desgarrón en la tela. Enrique sugirió que, dado que el viento había arreciado a treinta nudos, se podía navegar perfectamente con génova y mayor.

–Todo resuelto. En cuanto el spí esté seco, lo bajáis y aprovecháis para repararlo. Yo me vuelvo adentro, que quiero escuchar el parte meteorológico antes de que empiece mi guardia.

–Y yo voy a curarme la mano –dijo Javier mostrando el penoso estado en que le había quedado la palma.

–Uyyy... Si hubieses llevado guantes... –le reprochó César.

–Ya lo sé, ya lo sé... –admitió Javier.

–Eso, a ver si nos cuidamos un poquito más, que en dos días vais a dejar el botiquín bajo mínimos –bromeó Marta.

–¡Y a ver si aprendemos a nadar, chica, que ya somos mayorcitos! –se vengó Javier divertido.

–Pues la verdad es que sí, pero es que eso de zambullirme en las profundidades... me da un poco de miedo.

–Pero nadar en superficie sí sabes, ¿no? –preguntó Enrique–. Si no, ¡menuda marinera estás tú hecha!

–Sí, en superficie me defiendo; lo que no sé es bucear.

–Bien, pues os dejamos con la vela. Espero que se os dé bien el remiendo –se despidió Enrique.

–No te preocupes –respondió Javier–. Marta y yo la habremos dejado perfecta antes de que empiece la siguiente guardia. Ni siquiera vais a notar que haya sufrido un accidente –añadió girándose hacia su ayudante.

En ese momento, Marta estalló en una sonora carcajada que dejó a todos sorprendidos y que se prolongó tanto que acabó por contagiarlos. Marta se desternillaba de risa y, cuando parecía que se decidía a parar, comenzaba de nuevo, con más ganas aún. Javier y César la miraban e, intermitentemente, la acompañaban en su regodeo. Enrique observaba la escena atónito y, de vez en cuando, dejaba escapar alguna risa. Tal punto alcanzó el jolgorio que Paco, que andaba en la cocina recalentando café, acabó asomando la cabeza al exterior. Al observar el panorama, se unió sin dudarlo a la fiesta.

–¿Me contáis el chiste? Yo también me quiero reír –dijo con sorna.

César y Javier pararon al instante, se miraron y, riendo de nuevo, Javier respondió:

–No sabemos muy bien de qué nos reímos...

–¡Dios mío, el aire marino os ha vuelto locos! –exclamó Paco.

–Marta, ¿de qué nos reímos? –preguntó César.

Marta, apoyada en el mástil, logró decir, jadeando:

–¿Os lo digo?

–Estamos ansiosos por saberlo–respondió Enrique con una sonrisa de oreja a oreja.

–No sé coser velas –y arrancó de nuevo a reír sonoramente, acompañada de César y Javier.

Paco y Enrique se miraron, el uno con gesto de no entender nada y el otro pensando que, por lo menos, había que felicitarse por el buen ambiente reinante a bordo. Finalmente, Enrique dijo:

–Bien, César, quítate la camiseta y vuélvete a tirar al agua.

–Por esta mujer, lo que haga falta –respondió César caballeroso.

De nuevo, los cuatro rieron la ocurrencia y Paco, resignado a no entender nada, optó por regresar al interior a recuperar su café. A la vuelta, halló a Enrique, Marta y César sentados y charlando tranquilamente. Javier, por fin, había bajado a curarse la mano.

–El caso es que estamos navegando juntos y no nos conocemos –decía Enrique.

–No nos habías dicho que no supieses nadar ni coser velas –recriminó Cesar.

–Bucear... –rectificó Marta.

–O sea, que no sabemos con quién estamos navegando... –dijo Enrique.

–En todo caso, la culpa es de todos –intervino Paco–. A veces, nos formamos una imagen previa de la gente y nos negamos a cambiarla. Creemos que conocemos con quiénes navegamos y no queremos preguntar nada.

–Cuando el otro día recogiste el spinnaker con tanta maestría, creo que todos dimos por hecho que eras una navegante experta, que sabías hacerlo todo –afirmó César.

–Pues os equivocasteis –dijo Marta–. Nadie sabe hacerlo todo. Pero es verdad, tendría que haberos explicado con detalle qué sé y qué no sé hacer, sobre todo siendo nueva a bordo.

–También entre nosotros cinco, que teóricamente nos conocemos más, seguro que hay cosas que no nos hemos dicho –ayudó Paco–. Nunca se conoce a la gente del todo.

–Eso es cierto –dijo Enrique–. Pero, en temas de trabajo, hay que tener claro lo que sabemos y lo que no sabemos hacer... Más que nada para que, en caso de emergencia, cada uno se ocupe de lo que mejor controla.

–Imagínate que Marta se cae al agua y nadie de nosotros se tira a salvarla porque presuponemos que sabe nadar –exclamó Javier, de regreso del botiquín con la mano impregnada de pomada.

–¡Y sé nadar! –protestó Marta.

–Es como en un equipo de fútbol –apuntó Paco–. Ya sabéis que yo juego al fútbol, ¿no? Pues entre los jugadores es básico explicarse absolutamente todos los puntos fuertes y débiles de cada uno, qué es lo que mejor se les da y lo que peor hacen. Así se evitan muchos malentendidos y enfados. Y no se trata de reunirse una vez y explicárselo todo de golpe; los jugadores de fútbol lo hacen a menudo... Así, todos conocen a la perfección cómo juegan los demás y pueden sacar el mayor provecho de sus capacidades.

–El problema es que muchas veces tenemos tendencia a etiquetar y clasificar a los demás; nos hacemos una idea previa de la gente y ya no somos capaces de cambiarla –intervino Javier.

–A menudo no nos paramos a hablar, no nos decimos las cosas abiertamente –opinó Marta.

–Lo cierto es que, hasta que no empiezas a compartir el trabajo con los demás, no los conoces de verdad–afirmó César.

–Es importante que nos expliquemos cuáles son nuestras habilidades y nuestros conocimientos, así como nuestras carencias... Es la mejor manera de que los demás se hagan una idea real de nosotros –confirmó Enrique–. Se trata de estar dispuestos a ayudar y a dejarse ayudar.

–Y no hay que avergonzarse de lo que no sabemos ni intentar aparentar que sabemos hacerlo todo –completó Paco.

–Ése es muchas veces el problema –respondió Enrique–. Tenemos miedo de reconocer que no somos competentes en algo por temor a dañar nuestra imagen.

–Pero eso es engañar a los demás –dijo Marta–. Y, a la larga, acabas perdiendo la confianza del equipo.

–Si tardas mucho tiempo en dejarte conocer, es posible que, cuando quieras hacerlo, tus compañeros ya estén decepcionados contigo –apuntó Enrique.

–En mi caso –dijo Marta–, vuestras percepciones se han basado en las actitudes del primer día... y hay muchas cosas que no sabéis de mí.

–Bueno, sabemos que eres una persona activa, decidida... y físicamente muy fuerte –aseguró Enrique–. Confío plenamente en ti para izar, amollar, embarcar velas... pero desconozco muchos otros aspectos.

–Tampoco os he dicho que no sé cocinar –rió Marta.

–No te preocupes, yo tampoco –la consoló Paco–. Mis habilidades no van más allá de un par de huevos fritos.

–Chamuscados –puntualizó Enrique–. Que esa faceta tuya sí que la conozco.

–No te creas, he mejorado bastante en los últimos años –rió Paco.

–Bueno, para eso ya tenemos a nuestro chef, Toni –dijo Javier–. ¿Por cierto, dónde está Toni?

–Duerme como una marmota. Hoy comemos sopa, os lo aseguro –rió César.

–Yo propongo que preparemos nosotros mismos la sopa, lo despertemos para comer y dediquemos la sobremesa a hacer eso que muchos equipos no consiguen nunca: pensar en quiénes somos, qué creemos que nuestros compañeros deben saber de nosotros, cuáles son nuestras debilidades y nuestros conocimientos, lo que nos gusta y no nos gusta... y después, lo comuniquemos a los demás –dijo Paco–.

–En tres horas, nos da tiempo de averiguar lo que mucha gente no sabe de los demás después de pasar años trabajando juntos –rió Enrique.

La propuesta de Paco tuvo éxito. El tiempo invitaba a compartir la bañera. Así que, con los estómagos saciados y el ánimo exultante, los seis navegantes dedicaron la tarde a contarse lo que creyeron que los demás debían saber. El resultado final fue extraordinariamente satisfactorio: al finalizar la charla, sintieron que el vínculo que los unía era más estrecho que antes. Ahora sabían mucho más los unos de los otros, por lo que podían ayudarse mejor mutuamente.

La tarde fue intensa. Hacia las siete, el viento roló de repente a fuerza cinco y un sotavento ennegrecido preconizaba que la noche se presentaría de nuevo movida. A las nueve, el *Mojito* navegaba ya totalmente escorado por una mar embravecida, de cinco metros, que obligó a modificar su rumbo para proseguir más tranquilamente. A última hora, no sin grandes dificultades,

César y Javier lograron remendar con éxito el desgarrón del spinnaker. Pero tuvieron que esperar al día siguiente para izarlo de nuevo y observar la enorme superficie roja hincharse de orgullo y, deslumbrante de belleza, extender su sombra sobre la figura del *Mojito*.

JORNADA TERCERA

Longitud 021º 12’ 19” W
Latitud 24º 20’ 37” N

UN GOLPE CERTERO

La noche había sido tan dura que hasta el *Mojito* amaneció agotado. Habían estado navegando con el génova medio enrollado y dos rizos en la mayor. En ocho horas, habían conseguido recorrer setenta y dos millas, y lo peor de todo era que, en detrimento de toda esperanza, la situación no presentaba visos de mejorar con el alba. Al contrario, hacia las seis de la mañana, el viento arreció a 35 nudos, con mar de cinco metros y en aumento. César había escuchado el parte meteorológico de la Rueda de los Navegantes por la BLU y parecía que el temporal de levante no empezaría a remitir hasta bien entrada la tarde.

Así pues, la tripulación se preparaba mentalmente para afrontar uno de esos días en que el ánimo ha de realizar esfuerzos sobrehumanos para no decaer. En la bañera, Marta y Paco, embutidos en sus trajes de aguas, luchaban para mantener el timón en la dirección correcta. La lluvia había cesado hacía rato, pero el constante vaivén del velero y la fuerza de las olas los mantenían permanentemente empapados. La visibilidad nula y el frío intenso no ayudaban a soportar mejor la adversidad. Solamente el sorprendente espectáculo de decenas de peces voladores planeando sobre la cubierta conseguía levantar el ánimo.

En realidad, explicó Marta, no es que volasen, sino que saltaban propulsados por los movimientos de la cola. Las grandes aletas pectorales les servían para planear y el viento los ayudaba a sostenerse en el aire; llegaban a saltar hasta once metros de altura y ciento cincuenta de distancia.

Bajo cubierta, el resto de la tripulación se dispersaba, descorazonada, por los camarotes. Era difícil desplazarse, aun ayudándose de los pasamanos fijados en el techo. En el camarote de proa, César intentaba infructuosamente tomar algunas notas del viaje cuando una fuerte escorada del *Mojito* lo lanzó violentamente a tierra. Había considerado innecesario colocar la red de escora, a pesar de que Enrique había advertido a todo el mundo que, con aquel viento inclemente, era muy probable caerse de la cama. A media mañana, aprovechando una breve tregua del viento, Toni recogió en cubierta unas buenas raciones de peces voladores que, junto con el hermoso atún de seis kilos pescado el día anterior, constituirían una nutritiva y fresca cena. ¡Si el temporal le permitía mantener el equilibrio en la cocina! De vuelta al interior, mientras colocaba el botín en el frigorífico, escuchó un fuerte golpe a babor que hizo temblar todo el barco.

–¿Qué diablos ha pasado ahora? –gritó Javier asomando desde su camarote, donde intentaba conciliar el sueño tras una inhumana noche de guardia.

Enrique ya salía corriendo a cubierta. Marta, enrollada sobre sí misma en el extremo de la bañera, trataba de combatir el frío. Y Paco, ocupado en el timón, escrutaba un horizonte invisible, como si quisiera traspasar con la mirada la tupida barrera de niebla. Ninguno de los dos parecía haberse percatado de nada.

–¿Qué ha sido ese golpe?–preguntó Enrique, asomándose por la borda de babor.

–No sé –respondió Paco con aspecto cansado–. He oído un pequeño ruido, pero no creo que sea nada.

–Pues en el interior ha resonado de lo lindo –protestó Enrique, mientras sospechaba que el enorme tronco que en ese momento se pegaba al casco del *Mojito* podía ser el culpable del golpe.

Raudo y veloz, volvió a penetrar en el interior y, con la ayuda de Toni, levantó dos mamparos del comedor. Arrodillados en el suelo, ambos miraron la sentina e inspeccionaron visualmente cuadernas y llaves de paso. Todo parecía en perfecto orden. No se detectaba la más mínima entrada de agua, por lo que, tranquilizados, volvieron a colocar los mamparos. Toni, el único que conservaba el buen humor a pesar del despiadado día, hizo sonar sus nudillos en las puertas de César y Javier:

–¡No hace falta que os levantéis corriendo a ayudar, que no ha pasado nada!

–¿No nos estamos hundiendo? –respondió César con sorna desde el interior.

Javier, con los huesos molidos por la noche inclemente, se negó a responder y se cobijó todavía más en el interior de su saco, arrinconado contra la red de escora. Con un gesto de desaprobación, Enrique se sentó a la mesa de cartas para consultar el cuaderno de bitácora y buscar alguna emisora donde contrastar el parte meteorológico de la mañana.

–Estamos un poco desmotivados, ¿no? –le comentó a Toni, que sostenía la olla a presión en la que hervía agua con ambas manos para que no resbalase de los fogones.

A las doce, Paco y Marta asomaron reclamando el cambio de guardia. Toni abrió la puerta del camarote de popa, mientras se enfundaba el traje de aguas.

–Despierta, bella durmiente –le dijo a César–. Nos toca mojarnos.

Enrique, sentado a la mesa de la radio, observó el rastro mojado procedente de las botas de Toni.

–¿De dónde viene esa agua? –preguntó.

Toni se miró los pies.

–No tengo ni idea –contestó volviendo la cabeza. Vio que su

calzado había dejado un rastro de huellas perfectamente dibujadas desde la cocina y deshizo sus pasos.

–Me temo que aquí entra agua –confirmó.

En ese momento, un golpe de mar lo lanzó contra Enrique, que se disponía a levantar de nuevo los mamparos. César los miraba de pie, intentando guardar el equilibrio, sin decir nada.

–César y Toni, id a vuestra guardia –ordenó Enrique.

Y, acto seguido, gritó a pleno pulmón:

–¡Javier, sal a ayudarme!

Ante la falta de respuesta, en su camino hacia el exterior, Toni hizo sonar con fuerza su puño contra la puerta del camarote de popa.

–¡Venga, tío! ¡Sal ya, que hay trabajo!

Javier asomó con desgana, manteniendo el equilibrio con dificultad.

–¡Rápido, ayúdame a levantar esto! ¡Creo que hay una vía de agua! –urgió Enrique.

Efectivamente, con dos mamparos levantados, pudieron observar con claridad que la sentina estaba completamente anegada.

–No lo entiendo, hace dos horas lo comprobamos Toni y yo y no se veía ninguna vía –dijo Enrique.

–Hay que achicar –se limitó a responder Javier–. ¿Traigo la bomba de agua?

–Y esponjas y toallas.

Con la ayuda de Marta y Paco, y a pesar de los violentos movimientos del barco, los apenas cuarenta centímetros de altura de la sentina estuvieron completamente secos en media hora. A medida que achicaban, pudieron comprobar que la vía de agua no era grande, puesto que el nivel descendía rápidamente. De hecho, ya en el interior, Enrique y Marta tuvieron dificultades para encontrar el imperceptible hilillo de agua que se colaba por una delgada fisura en la masilla que sellaba el pasacascos de la sonda.

 –Tiene que haber sido el tronco que he visto esta mañana

–diagnosticó Enrique.

–O quizá la masilla estuviese envejecida y se haya agrietado sola –se resistió a admitir Marta.

–No puede ser –negó Enrique–. Yo mismo inspeccioné la sentina palmo a palmo antes de zarpar y todo estaba en perfecto estado.

De todos modos, el problema no revestía gravedad. Gracias a las previsiones realizadas en Las Palmas, hallaron en la caja de herramientas una masilla de endurecimiento rápido, con la que, en un instante, volvieron a sellar la fisura. De regreso arriba, Paco reconoció apesadumbrado:

–Ha sido culpa nuestra. No vimos el tronco acercarse.

–No es para menos –suspiró Javier–. Con este día uno no ve a dos palmos de sus narices.

–No es excusa –dijo Marta–. En días como éste es cuando más atención hay que prestar.

–Todos estamos desmotivados, las guardias son cansadas y el tiempo no parece que vaya a mejorar por el momento –la consoló Enrique.

–Sí, hace un rato me preguntaba cómo se me ocurriría embarcarme en esta locura. Estoy molido –reconoció Javier.

–Pero no debemos dejarnos desanimar por un temporal. Todas las tormentas pasan y mañana seguro que sale el sol. Y entonces todos nos habremos olvidado del terrible día de hoy –aseguró Enrique.

–Tienes toda la razón. Mientras esperamos que pase la tormenta, tenemos que levantar el ánimo. ¡Que no decaiga la ilusión! –alentó Marta.

–Hay que hacer las cosas, como decía un amigo mío que es profesor, ¡no de cuerpo presente y de mente ausente! –rió Paco.

Javier se sentó a la mesa, resignado por fin a no dormir. La dura guardia de la noche le había afectado al ánimo y, en aquellos momentos, veía el futuro tan negro como los nubarrones que los cubrían. Pero sus compañeros tenían razón: cada uno de ellos había tomado la decisión de embarcarse o quedarse en tierra con total libertad. Una vez en alta mar, debían responsabilizarse de su decisión, y poner en ella todas las ganas del mundo, todas las energías. Adivinando sus pensamientos, Enrique le posó una mano sobre el hombro y se sentó a su lado:

–Tenemos que conservar la motivación y la pasión con que abandonamos anteayer Las Palmas... en beneficio de todos nosotros. No solamente disfrutaremos mucho más con lo que hagamos, sino que además lo haremos mejor y la satisfacción será mil veces mayor.

Paco, apoyado sobre Marta manteniendo un equilibrio propio de funámbulos, intervino con una lucidez que sólo cuatro horas de terrible guardia podían haberle otorgado:

–A veces pienso que hay gente que vive y disfruta la mitad de su vida porque sólo está al 50% presente en todo lo que hace. Estás en el trabajo pensando en tus problemas familiares y en casa pensando en tus problemas del trabajo. Y no te ocupas por completo, en cuerpo y alma, ni de una cosa ni de la otra.

Javier sonrió, feliz por la comparación, que le recordaba situaciones de sobra conocidas:

–Exacto: cuando estés pescando, mira la caña. Cuando cocines, no le quites ojo a los fogones. Y cuando estés de guardia, no te despistes ni un segundo.

–¡Si hubiésemos estado pendientes de la guardia –exclamó Marta–, ese maldito tronco no nos habría pillado desprevenidos!

–¡Y lo peor es que ni siquiera nos dimos cuenta del golpe! –rió Paco.

–Estábamos tan desmotivados y tan encerrados en nuestras preocupaciones, en nuestro estado de ánimo, que no nos hemos ocupado de lo que en realidad importaba –reconoció Marta.

–«No te preocupes por las cosas, ocúpate de ellas», me dijo en cierta ocasión un compañero que ascendió conmigo al Himalaya –recordó Paco.

–¡Eres el hombre de las frases oportunas! –rió Marta.

–¡Y cuánta razón tenía tu amigo! –sonrió Javier.

–En mi vida privada –intervino Enrique–, a veces me he dado cuenta de que la calidad de vida se encuentra en disfrutar con lo que haces en cada momento. No es cuestión de estar más tiempo con una persona; se trata de dedicarle lo mejor de uno mismo en los momentos en que estás con ella. No es poner más tiempo a nuestra vida –porque el tiempo es limitado–, es poner más vida a nuestro tiempo... dedicarnos a lo que hacemos con ilusión.

–Ya lo dicen: más vale calidad que cantidad –confirmó Marta.

–Es la mejor manera de disfrutar de nuestras acciones, ya sean cosas importantes o meras tonterías–concluyó Paco.

Reconfortados, los cuatro tripulantes se dispusieron a descansar cuanto pudiesen. Ya entrada la tarde, con el temporal amainando y la mar en fuerte descenso, la gratificante sonrisa de Toni asomó por el hueco de la escalera:

–¡Venid a ver! ¡Dos delfines nos están acompañando!

JORNADA CUARTA

Longitud 023º 15' 04" W
Latitud 23º 23' 00" N

¡FUEGO A BABOR!

Amanecía a bordo del *Mojito* y las primeras luces del alba, acunadas por el silencioso romper de las aguas contra el casco, eran un regalo divino para los dos tripulantes de guardia. Desde la popa, Enrique contemplaba el despuntar de los primeros rayos de sol y un cosquilleo placentero le recorría la espina dorsal. Sacudió instintivamente la cabeza y apretó los párpados. Al abrir de nuevo los ojos, se cercioró de que el sueño se había hecho realidad. Comenzaba el cuarto día a bordo y La Habana estaba ya unas millas más cerca. Navegaban a buen ritmo, con viento de fuerza cuatro y olas cortas. Prácticamente podían palparse los 23 grados de latitud; estaban ya a punto de cruzar el trópico de Cáncer y de entrar, por fin, en aguas tropicales. La noche anterior, Paco había atrasado el reloj de bitácora una hora, con lo que navegaban ya a dos horas de la península. En cuatro o cinco días, si continuaban descendiendo a ese ritmo, podrían alcanzar los 20 grados de latitud, punto en el que, según todas las informaciones de que disponían, encontrarían los vientos alisios que los habían de empujar hasta Cuba.

A su lado, César, rendido por el cansancio, miró el reloj: faltaban cincuenta minutos para que Paco y Toni los reemplazaran en la guardia. Esperaba que fuesen puntuales y no se les pegasen las sábanas. La noche anterior, todos se habían concentrado en cubierta hasta bien entrada la madrugada. Parecía que la tempestad diurna había ahuyentado el sueño de los navegantes, tranquilamente mecidos por la primera noche apacible desde que estaban a bordo. A las cuatro de la madrugada, con la entrada de Enrique y César en la guardia, el resto de la tripulación se batió finalmente en retirada. Cuando se apagaron las lámparas de los camarotes y sólo las tres luces de navegación acompañaban la estela del velero sobre el agua, padre e hijo se permitieron, por fin, encerrarse en sus propios pensamientos y repasar anhelos, esperanzas y objetivos. En ello ocupó César buena parte de su guardia de apoyo. Se sentía feliz de estar a bordo del *Mojito* pero, al mismo tiempo, a menudo el miedo le oprimía el estómago. Era ese vértigo que produce todo lo que empieza... los retos, las ilusiones depositadas en este viaje... Sabía que para su padre era el sueño de toda una vida. Y debía contribuir con todas sus fuerzas a que el sueño se hiciese realidad.

Cuando por fin el día comenzó a despuntar, Enrique lo despertó suavemente de su duermevela. De un salto, se puso en pie. Faltaba apenas media hora para el cambio de guardia. Tal como habían establecido por norma, dio un repaso rutinario a todas las instalaciones antes de finalizar su turno y comprobó velas, GPS y tanques de agua. Al detectar que las baterías estaban casi agotadas, avisó a su padre.

–Claro, estuvimos casi toda la noche con las luces encendidas –diagnosticó Enrique–. Habrá que conectar el grupo electrógeno, pero ya lo haremos más tarde, cuando los demás se levanten. Hace demasiado ruido.

Ya con la tripulación al completo en pie, Paco y Toni ocuparon la guardia, reconfortados todos por el negro café caliente y la tibieza de un sol bajo que se anunciaba radiante. En el camarote de proa, Enrique se aseaba cuando escuchó una pequeña explosión y, al momento, una aglomeración de gritos ininteligibles. Sin camiseta y abrochándose los pantalones, se asomó al comedor, desde el que podía divisarse una negra columna de humo que salía de babor y que dejaba una alarmante estela de dos metros por encima del agua. Javier ya entraba corriendo en su busca:

–¡Se está quemando el grupo electrógeno!

–¡Desconecta las baterías, rápido! ¡Y tráeme la caja de herramientas!

Javier sabía que los conmutadores estaban a babor, bajo el armario de uno de los camarotes de popa. Se inclinó y alargó la mano. Sin dificultad, encontró la llave y la giró. En ese momento, César entraba gritando, seguido de Marta:

–¡El extintor! Tiene que estar en un compartimento debajo de los asientos, cerca del mástil.

En cuestión de segundos, el comedor del *Mojito* se convirtió en una pista de lanzamiento de cojines, revistas, chaquetas y cuantos obstáculos encontraron Marta, Javier y César sobre los asientos. Desgraciadamente, a menudo Murphy tiene razón y el extintor apareció en el fondo del último cofre que registraron. Para entonces, Paco atravesaba el comedor a toda carrera con un cubo rebosante de agua, dispuesto a lanzarlo sobre el grupo electrógeno y sobre Enrique, que intentaba averiguar cuál era el origen del humo.

–¡Noooooo! –gritó Enrique a tiempo–. ¡Es electricidad! ¿Estás loco?

En ese momento, César y Javier consiguieron extraer la anilla de seguridad del extintor y, sin pensarlo dos veces, convirtieron la cubierta del velero y a cuantos estaban en ella en una inmensa tarta de espuma blanca. En apenas unos segundos, el humo se disipó y el aire puro de la mañana reemplazó al escandaloso olor a plástico quemado que casi les había hecho perder los nervios.

Enrique se desplomó sobre un banco, totalmente empapado de espuma. Paco corrió a buscar una toalla para taparlo. Y César, Javier y Toni se quedaron paralizados, de pie, observando el espectáculo. Ninguno de ellos acertaba a decir nada.

–No sé qué ha pasado –dijo César–. Se cayó un poco de gasolina cuando llené el depósito y, al arrancarlo, de repente, empezó a quemarse.

Enrique estaba en silencio, con los ojos entornados y el rostro concentrado.

–¿Alguien ha desconectado las baterías?

–Yo –aseguró Javier.

–Imposible. El piloto automático está funcionando.

En efecto, prestando un poco de atención, todos pudieron percibir claramente bajo sus pies el runrún inconfundible del aparato. Enrique se levantó pesadamente, sudando a pesar del frío invernal y de su torso desnudo, y se dirigió abajo. Al volver, ya vestido, aseveró:

–Hay tres conmutadores. Giraste solamente la llave del motor, pero no la de servicios ni la neutra. Por eso el piloto sigue funcionando.

–No lo sabía –dijo Javier bajando la cabeza.

–Bien, vamos a serenarnos y a poner un poco de orden en todo esto –respondió Enrique–. Al fin y al cabo, no ha pasado nada. Seguimos navegando. Ni el barco ni las velas ni el viento se han enterado de nada.

Se dirigió inmediatamente hacia el grupo electrógeno y, con la ayuda de Paco y César, descubrió que sólo estaban afectados un fragmento de cable, de apenas medio metro, y un manguito del circuito de refrigeración. Era evidente que la avería no se había producido por un cortocircuito, sino por la chispa de arranque, que había quemado la gasolina vertida accidentalmente. Mientras Marta, Javier y Toni limpiaban la bañera y ordenaban el comedor, Enrique sustituyó los elementos maltrechos del grupo y, en escasamente una hora, el motor arrancaba alegremente con un brrrum brrrum tranquilizador. Antes de comer, Enrique decidió reunir a todo el grupo en la bañera. El nítido día de invierno invitaba a descansar en el exterior.

–Lo sucedido hoy demuestra que, a pesar de tantos meses de preparación, no hemos sido capaces de organizar bien nuestro trabajo –dijo Enrique, con aspecto grave–. Ha habido varios fallos, cosas tontas que, sin embargo, hubiesen podido tener consecuencias graves. Afortunadamente no ha pasado nada, pero es una oportunidad para preguntarnos qué hemos hecho mal y para replantearnos nuestras funciones.

–Yo vertí un poco de gasolina sobre el grupo electrógeno. Creo que eso fue el detonante de todo. La verdad es que en ese momento creí que no importaba, como cuando viertes un poco de gasoil al llenar el depósito del coche y no pasa nada –dijo César.

–Empecemos por ahí. El grupo electrógeno, al arrancarse, despide una chispa, como todos los motores de arranque manual. Esa chispa cayó sobre la gasolina y ardió, lo que provocó que prendiera inmediatamente el cable que estaba más cerca. Tú no lo sabías... y aquí encontramos el primer fallo.

–Quise ayudar... Me parecía una tarea tan simple...

–Pero yo no te había explicado cómo había que hacerlo... y tú tampoco me lo preguntaste.

–Hubiese podido arder todo –suspiró Javier, grave.

–No –respondió Enrique–. El grupo electrógeno alimenta las baterías y las baterías alimentan la red eléctrica. Por lo tanto, la red no hubiese podido arder. Cuando te dije que desconectaras las baterías, lo hice por pura precaución. Pero ahí encontramos el segundo fallo: sólo desconectaste el conmutador rojo del motor.

–No sabía que hubiese tres. Están tan escondidos...

–Exactamente.

–Tampoco sabíamos dónde estaba el extintor. Por eso tardamos tanto en encontrarlo –aseveró Marta.

–Y ahí está el tercer fallo. Vosotros tres no sabíais dónde estaba el extintor, Javier no sabía que hay tres conmutadores... ¿Adónde nos lleva todo esto?

–A que desconocemos cómo funcionan, dónde están y para qué sirven gran parte de las cosas que nos rodean en los treinta metros cuadrados donde vamos a convivir durante veinte días –manifestó Paco.

–Eso es. Desde que hicimos nuestro reparto de funciones, nos hemos dedicado en cuerpo y alma a entender y conocer hasta el mínimo detalle nuestro trabajo. Pero nos hemos encerrado en él como si fuese una cápsula de la que no debemos salir.

–Y claro, cuando uno no está y surge una emergencia, los demás no podemos resolverla... porque no encontramos nada de nada –observó Paco.

–Exacto, querido amigo. Tenemos que compartir nuestros conocimientos, no ser tan simplistas como para querer guardarlos para nosotros mismos.

–Cosa que sucede a menudo –dijo Javier–. He conocido a tanta gente que se niega a explicar a los demás en qué consisten sus funciones... por miedo a que les pisen su terreno.

–¡Los hay que ni siquiera comparten sus apuntes de la universidad! –exclamó Toni riendo.

–Son actitudes poco inteligentes... Lo grave es que nosotros las hemos reproducido a bordo de nuestro velero –dijo Enrique.

–Tenéis razón –intervino Marta–. A veces, convertimos lo que sabemos en un reducto de poder, fuera del cual no nos interesa nada.

–Pero eso es una especie de ratonera –dijo Paco–. Hay que ser generosos para compartir lo que sabemos e inquietos para pedir a los demás que nos expliquen lo que no sabemos.

–Estoy convencida de que todos estamos interesados en enseñar y en aprender –confirmó Marta.

–Yo creo que a veces no explicamos las cosas por egoísmo y codicia... pero también por pereza –dijo Paco.

–Sí pero, además, yo he querido realizar una función que no era la mía –reconoció César entristecido.

–Y no estaba mal hecho –dijo Enrique–. El problema es que no sabías que derramar un poco de gasolina podía acarrear tantos problemas. Es mejor no intervenir en algo si no estás seguro de saber hacerlo.

–Cada uno es especialista en su tarea... pero ello no significa que no tenga que compartir lo que sabe, para que el equipo funcione mejor –dijo Paco–. Por lo menos que, ante una emergencia como la de hoy, ¡seamos capaces de encontrar el extintor!

–Y a ti, te voy a dar unas cuantas lecciones sobre cómo apagar fuegos –bromeó Enrique–. Ser bombero no era tu vocación, desde luego. ¿Dónde has visto tú echarle un cubo de agua a un cable eléctrico que está ardiendo?

–La verdad –rió Paco– es que he apagado pocos fuegos en mi vida.

–Ya se nota –dijo Javier–. Las próximas vacaciones, puedes dedicarte a bombero voluntario.

–Sí, ¡el terror de los bomberos! –bromeó Toni–. ¡Te acabarán encerrando en la cárcel, por pirómano!

Después de las pertinentes siestas de mediodía, con Javier y Toni de guardia y el velero en perfecto orden, navegando a buen ritmo y con mar tendida, los seis tripulantes se reunieron de nuevo en la bañera con un listado de los conocimientos que cada uno consideró que debía compartir. De repente, todos se dieron cuenta de la enorme cantidad de detalles que desconocían acerca de las tareas de los demás. Y como tampoco era cuestión de comunicar en pocas horas todo el saber que cada uno había acumulado en meses de preparación, decidieron reducir sus listados a aquellas tareas que consideraron más básicas y urgentes y seguir compartiendo sus conocimientos, paulatinamente, en los siguientes días. Surcaban las aguas viento en popa, a una velocidad de seis nudos. Velero y tripulación, unidos en un optimismo que flotaba con evidencia en el ambiente, casi podían tocar la calidez de las deseadas aguas tropicales.

JORNADA QUINTA

Longitud 025º 11' 52" W
Latitud 22º 18' 81" N

POR LA BOCA MUERE EL PEZ

Acabamos de cruzar el Trópico de Cáncer –confirmó Paco después de consultar el GPS.

Una estupenda noticia que se celebró a primera hora de la mañana con un suculento desayuno al que no faltó nadie. Tras cinco días de navegación, habían descendido cuatro grados de latitud y recorrido casi seis grados de longitud: no estaba nada mal. Si seguían navegando a ese ritmo, alcanzarían La Habana el 4 de enero, según lo previsto.

–Ahora que ya estamos en aguas tropicales, supongo que pescaremos algo –preguntó Javier.

–¡Mira que eres pesado! –respondió César.

–Es que llevamos días sin comer nada fresco... ¡Desde aquel atún que pescamos el día en que salimos!

–El segundo día, Javier. Tampoco hace tanto –corrigió Enrique.

–Ay, pero es que tengo ganas de pescar algo... ¿Por qué no reducimos un poco la velocidad?

–Cuando hay viento, hay que aprovecharlo –respondió Paco.

–Pero es que, a ocho nudos de velocidad, solamente pueden picar peces grandes, que corran mucho.

–Bueno, tiempo al tiempo. La caña está tirada. Ya picará algo –dijo Enrique.

–Entonces, ¿por qué no cambiamos el cebo por uno más grande?

–¡Qué plasta! –exclamó Toni–. Anda, cámbialo si te quedas más a gusto.

Javier miró al resto de la tripulación, buscando un gesto de aprobación y, ante su silencio, se apresuró a levantarse y salió corriendo a cambiar el cebo. También tuvo la precaución de colocar un hilo más grueso, por si mordía un pez grande y, antes de ponerse a revisar las velas, advirtió a todo el mundo que lo avisasen si picaba algo.

–Quiero sacarlo yo –dijo–. Cuando picó el atún no me avisasteis y ni siquiera me enteré.

–Estabas durmiendo, Javi –le replicó César.

–Bueno, pero esta vez quiero sacarlo yo.

Un poco antes de las doce, Marta, de guardia en la bañera, oyó con claridad el inconfundible grillo del carrete soltando hilo a toda velocidad. Se volvió hacia popa y vio la caña fuertemente arqueada sobre sí misma. Algo gordo había picado. Miró a su alrededor y advirtió que nadie más se encontraba en cubierta en ese momento. Así que se apresuró hacia la caña gritando «¡Hemos pescado!». En ese instante, Javier apareció en la bañera como un huracán. Hecho una furia, apartó a Marta de un empujón y le arrebató la caña. El hilo estaba tensado al límite. Fuese lo que fuese lo que habían pescado, tiraba con fuerza.

–¡Para el barco! –gritó–. ¡Amolla las velas!

Marta, sorprendida, se lo quedó mirando, boquiabierta, sin hacer nada.

–¡Rápido! ¿Qué haces ahí parada? ¡Se nos va a escapar por tu culpa!

Indecisa, Marta se dirigió, sin apresurarse, hacia el piano y comenzó a arriar las velas. Enrique y César, que habían salido a cubierta alertados por los gritos de Javier, comenzaron la maniobra de aproar el *Mojito* cara al viento. A pesar de que soplaba un viento de veinte nudos, en unos instantes el barco quedó completamente parado. Pero Javier, embarcado en una denodada lucha con la presa, seguía fuera de sí.

–¡Traed una red! ¡Se escapa! ¡Vamos, deprisa!

Toni y César se acercaron con una red y comprobaron que la fuerza del pez, en efecto, arqueaba peligrosamente la caña.

–Tiene toda la pinta de ser un atún enorme –dijo Toni.

–¡Déjate de impresiones y trata de cazarlo! –le ordenó Javier.

–Es muy difícil cogerlo así. Antes tienes que cansarlo –y, viendo que el pez se acercaba a toda velocidad hacia ellos, exclamó–: ¡Cuidado, no dejes nunca que el hilo pierda tensión!

–¡No me digas lo que tengo que hacer! –le gritó Javier–. ¡Ahora! ¡Cógelo!

Toni se lanzó adelante con la red pero, evidentemente, en cuanto la presa vio acercarse el artilugio, dio un fuerte tirón y se alejó en dirección contraria.

–¡Se te ha escapado, inútil! –lo insultó Javier.

–Eh, tranquilo –trató de calmarle César–. No es para tanto.

–¡Dejadme! ¡Ya lo sacaré yo solo!

–A tus órdenes –respondió Toni molesto, tirando al suelo la red y alejándose.

El tira y afloja con el presunto atún se prolongó una interminable hora, durante la cual mil veces hubo de recoger Javier el hilo y mil veces más hubo de soltarlo. La presa no parecía dispuesta a darse por vencida. Lejos de cansarse, tiraba con más fuerza cada vez que conseguía acercarla a la popa, a lo cual Javier respondía profiriendo maldiciones, lamentando la poca ayuda por parte de los demás e insultándose incluso a sí mismo. César permaneció a su lado casi todo el tiempo por si hacía falta echar una mano con la red, aunque se mantuvo distante, sin decir nada. Aprovechando la soleada mañana tropical, el resto de la tripulación observaba la escena desde la bañera. Todos se preguntaban qué demonios le estaba ocurriendo a ese Javier equilibrado y sensato que conocían. Todos excepto Marta, que se había retirado al interior, desesperada por la actitud del histérico pescador.

Como era de temer, para cuando el tozudo pez se sintió fatigado, éste ya había descubierto que la mejor forma de escapar no era alejarse del barco, sino esconderse bajo su casco. Allí se dirigió de un fuerte tirón y, en escasos segundos, logró cortar el hilo con una de las hojas de la hélice. En cubierta, un jadeante Javier que tensaba al máximo el hilo se vio de repente despedido de espaldas contra el suelo. Paco, Enrique y Toni se acercaron al instante. César lo miraba boquiabierto. Y, en el suelo, Javier, súbitamente enmudecido, con las piernas arqueadas y levantadas, seguía asiendo la caña con todas sus fuerzas. El sol cegador del mediodía le impedía divisar con claridad a sus compañeros, convertidos en sombras a su alrededor. Un intenso sentimiento de fracaso y una decepción paralizadora se abrían paso rápidamente hacia sus entrañas. Paco lo despertó de su amargo letargo:

–¿Por qué no estiras las piernas? Estarás más cómodo.

La voz procedía de su derecha y hacia allí giró Javier los ojos. Se quedó mirando durante largos segundos a Paco y, acto seguido, soltó la caña, se levantó y arrancó a llorar como un niño.

–¿Qué ha pasado? –preguntó Enrique.

–Se me ha escapado... Se me ha escapado otra vez –sollozó Javier.

–Me refiero a qué ha pasado contigo. Estabas irreconocible.

–Creíamos que eras una persona serena... y te has tirado una hora gritando como un energúmeno –le dijo Paco.

–Lo siento –respondió Javier con una tremenda tristeza en la voz–. He perdido los nervios.

–Sí, eso ya lo hemos visto... Has insultado a tus amigos, has empujado a Marta...

–¡Marta! –recordó Javier–. Estaba fuera de mí. ¡Cuánto lo siento!

–¿Y esto te sucede muy a menudo? –preguntó Enrique.

–No sé... Sí, reconozco que me pasa a veces. Pierdo el control, me obsesiono tanto con algo que no veo nada más. No soy consciente de cómo me comporto.

–Desde luego, no parecías tú –refrendó Enrique.

–Me he portado como un animal.

–No te preocupes –lo animó Paco–. No eres la única persona del mundo a la que le pasan estas cosas. Afortunadamente, como animal racional, tienes la capacidad de dominar tus emociones.

–Pero es que cuando me pongo así, soy incapaz de razonar –objetó Javier.

–Todos podemos controlarnos –dijo Enrique.

–Pero yo soy así y creo que será muy difícil que pueda cambiar.

–Eso no es así –negó Paco–. Si eres capaz de conocer tus emociones, de diagnosticarlas, eres capaz de dominarlas. Siempre que quieras, claro.

Javier se sentía molesto consigo mismo y avergonzado ante los demás. Habían descubierto una parte de su carácter que él mismo se negaba a aceptar. Pero lo cierto es que, en los últimos tiempos, experimentaba ese tipo de reacciones cada vez más a menudo. Se notaba irascible, nervioso... Sus emociones lo empujaban a actuar de manera justamente contraria a la imagen de madurez que siempre había querido proyectar. Se había comportado delante de todo el mundo igual que un niñato caprichoso que patalea endemoniado cuando no puede conseguir lo que quiere. Le molestaba haber mostrado esa imagen de sí mismo y tuvo la sensación de que, en adelante, las relaciones con los demás iban a ser diferentes. Ahora sabían de él mucho más de lo que hubiese deseado. César lo sacó de sus reflexiones:

–Javi –le dijo cariñosamente–. ¿Por qué tanta obsesión con pescar?

Javier sintió una especie de sacudida que lo rescató de su abatimiento. ¡Había una explicación!

–Me obcequé. El otro día, cuando sacasteis el atún, yo no estaba. Y durante los fines de semana que hemos estado navegando antes de embarcarnos, tampoco conseguí pescar nada. Y yo quería pescar... Es una deuda que tengo desde que era pequeño.

Todos se miraron sin decir nada. César y Toni sabían que las relaciones familiares de Javier le suponían un tremendo lastre.

–Puede que os parezca una tontería, pero para mí es uno de los momentos más tristes de mi vida. Yo tenía unos once años. Estaba con mi padre en el espigón de Rosas y picó un pez grande. Le pedí que me dejara sacarlo a mí, pero él no quería. Insistí tanto que al final me dio la caña. Y se me escapó.

Tomó aire antes de proseguir:

–Nunca se me olvidará su gesto de decepción cuando me dijo «¿Lo ves? ¡Te dije que se te escaparía!». Ya no volvió a dejarme más la caña y, al cabo de poco tiempo, no quise acompañarle a pescar. Creo que, cuando nos embarcamos, me obsesioné pensando en que, durante esta travesía, podría sacarme la espina. Tenía que demostrarme que soy el mejor pescador del mundo... ¡Qué bobada, ¿no?!

–No –contestó César–. No es una bobada.

–En todo caso, no deberíamos ser nosotros quienes paguemos el error cometido por tu padre –dijo Paco.

–Eso está claro –respondió Javier apenado–. Me avergüenzo de mi comportamiento.

–Todos nuestros actos tienen un motivo –dijo Enrique–. Un trauma, el estrés, el miedo, las responsabilidades... pero ello no justifica que nos dejemos llevar. Las emociones deben ser una ayuda, caminar con nosotros, no en nuestra contra.

–Cuando te vuelva a suceder lo de hoy –dijo Toni–, tienes que ser capaz de darte cuenta antes de llegar a ese estado... y, en ese momento, saberte controlar.

–Eso es muy fácil de decir –protestó Javier–. Pero no de hacer.

–Te equivocas –le recriminó Paco–. El primer paso es que seas capaz de reconocer tus estados de ánimo negativos, tus defectos... y quieras cambiarlos. Después, debes empezar a ensayar formas de controlarlos.

–Yo tuve un socio que perdía fácilmente los nervios –empezó a contar Enrique–, cosa que le reprochaba muy a menudo. Su carácter irascible causaba numerosos problemas con los empleados, que se sentían recelosos ante un tipo que, al mínimo problema, comenzaba a gritarle a todo el mundo. Hasta que le pedí encarecidamente que buscase una solución para evitar aquellas situaciones tan desagradables. Para mi sorpresa, su actitud comenzó a cambiar poco a poco; al cabo de un tiempo, desayunando juntos, le pregunté cómo lo había conseguido. Me describió paso a paso lo que hacía cada vez que se ponía nervioso y sentía que iba a estallar. Primero, pararse, respirar, no hacer nada y, sobre todo, no decir nada.

–El famoso «contar hasta diez» –dijo Toni.

–Exactamente –sonrió Enrique–. Se trata simplemente de respirar, oxigenar la sangre, relajar la tensión de los músculos y dar tiempo al cerebro para reaccionar con calma, sin desbocarse al primer impulso. Y después, pensar: «¿Por qué me estoy poniendo nervioso?».

–Diagnosticar la causa –ayudó Paco.

–Has dado en el clavo. Y el tercer paso sería preguntarse «¿Qué alternativas tengo para enfrentarme a esta situación? ¿Qué puedo hacer para evitar el problema que me conduce a este estado?». En esta fase, es fundamental ir más allá, prever hacia dónde nos llevaría una posible alternativa.

–Sí, hay que entender que ese otro camino te puede llevar hacia un final mucho más pacífico para todos: en lugar de acabar gritando a los demás, resolverás la situación de un modo sensato –dijo Paco.

–Mientras realizas todas esas reflexiones –explicó Enrique–, ha pasado tanto tiempo que te has enfriado, tus ánimos se han calmado... y ya puedes enfrentarte a la situación con otro talante.

–Vaya –rió Javier–, que si el pescado ya se ha escapado no vale la pena perder los nervios como yo lo he hecho, ¿no es eso?

–Tú lo has dicho. Y lo más sensato es esperar a que pique otro pez un día en que tú estés más tranquilo y consigas sacarlo sin esfuerzo –concluyó César.

–Es que he tenido mala suerte –se lamentó Javier–. Me he pasado una hora luchando para nada. Las circunstancias estaban en mi contra.

–¿Y qué querías que hiciesen las pobres circunstancias? ¡Estaban aterrorizadas con tus gritos! –rió Toni.

–La verdad –añadió Enrique– es que la mayoría de la gente no tiene el valor de hacer lo que hizo mi amigo. No se paran a pensar en sus defectos, a autoanalizarse... y prefieren seguir yendo por la vida esgrimiendo ese razonamiento tan pésimo de «es que yo soy así». Muchas personas no quieren cambiar por no enfrentarse a sus propios defectos y dejan que sean sus emociones las que dominen su vida, cuando tendría que ser lo contrario. Las emociones son buenas y no hay que evitarlas, pero solamente cuando nos aportan cosas positivas. Cuando son ellas las que toman las riendas de nuestras vidas... entonces es que algo marcha mal.

–Estoy de acuerdo –dijo Marta, apareciendo sigilosamente por detrás–. Las emociones, las ilusiones, la energía, la pasión... son importantes, pero no deben llegar a dominarnos.

–Marta, lo siento –dijo Javier implorante–. Perdóname.

–Estás perdonado. Pero te pido, por favor, que intentes dominar tus impulsos. Te evitarás muchos problemas, no solamente a bordo, sino en el futuro.

–¡Tienes más razón que un santo!–respondió Javier–. A partir de hoy voy a intentar ser yo quien controle mis reacciones y no al revés.

Conclusiones del día
Mírate al espejo. Conoce tus emociones y aprende
a controlar tus reacciones. El "yo soy así"
no es excusa. Eres quien quieres ser.

JORNADA SEXTA

Longitud 026º 37' 90" W
Latitud 21º 12' 65" N

EN CALMA CHICHA

Ya la tarde anterior, el viento había disminuido considerablemente y las cosas no pintaban del todo bien. Sólo les faltaba bajar unos grados de latitud para alcanzar los alisios, pero parecía que los vientos no planeaban salir a su encuentro por el momento. Las guardias nocturnas, a una velocidad de apenas dos nudos y balanceados por una molesta mar de fondo, habían resultado incómodas. Con el génova enrollado y las grandes olas moviendo de un lado a otro el *Mojito*, apenas habían conseguido avanzar unas siete millas en toda la noche.

Como amenazaban los peores augurios, la sexta jornada de navegación amaneció con calma chicha. El viento había amainado completamente y la mar, finalmente quieta, sumía el ambiente en un silencio casi sepulcral. Tras el desayuno, cuando César y Toni asomaron al exterior para tomar el relevo en la guardia, se dieron de bruces con un panorama desolador: un horizonte nítido, diáfano, cuya inmensidad no entorpecía una sola nube, se abría ante ellos con una extensión inconmensurable, desorientadora. El *Mojito*, completamente parado, parecía clavado en esa imponente superficie azul en que se había convertido el mar. Nada se movía ni un centímetro, ni siquiera el mástil se balanceaba. Y el sol, levantándose a gran velocidad, amenazaba con convertir la jornada en una especie de naufragio desesperante.

–Parece que la guardia va a ser tranquila –dijo Toni.

–Vamos a bajar la mayor –respondió César–. No vale la pena tenerla izada.

Marta y Paco, abandonaron su guardia despidiéndose con un apretón de hombros y un «¡ánimo, chicos!». Sus rostros apáticos reflejaban las largas horas de espera en la bañera, ansiosos por que el amanecer les regalase un poco de viento. Pero sus ruegos no habían sido escuchados y la situación se presentaba peor que la de un tuareg perdido, sin agua, rodeado de decenas de dunas idénticas en medio del desierto. De repente, César sintió pánico:

–¿Te imaginas que nunca más vuelve el viento? –preguntó.

Toni rió la ocurrencia:

–Eso es altamente improbable. Sería un fenómeno meteorológico digno de estudio mundial.

–Pero imagínate que nos quedamos aquí parados –insistió César–, y que nadie nos encuentra jamás.

–Hombre, para algo tenemos un motor, una hélice y doscientos litros de gasoil almacenados –respondió Toni divertido.

–Sí pero estamos muy lejos de tierra firme. No tenemos suficiente combustible para llegar.

–Alguien nos encontraría...

–Imagina que no... Seríamos una especie de náufragos a bordo de un barco.

–Estás como una cabra –respondió Toni–. Lo que dices es imposible. ¿Y la radio? ¿Para qué la queremos?

César ya no respondió. Tenía la cabeza embotada por esa calma inquietante que envolvía la mañana. Y comenzaba a dejarse hundir por el desánimo.

–Echo de menos a Elena, tío –dijo al fin.

–¡Ah! ¿Así que toda esta paranoia no era más que un ataque de nostalgia? –rió Toni.

–Sí, tú ríete. No dejo de acordarme de ella; yo pensaba que lo llevaría mejor.

–No me río. Yo también siento añoranza.

–¿De tu novia de Las Palmas? –preguntó César con cierta ironía.

–No, hombre, no. ¡De mi familia, de mi hermanita, de los amigos... del televisor, de la bañera de hidromasaje, de mi cama! –exclamó Toni fingiendo echarse a llorar.

–¿Insinúas que no duermes bien conmigo?

–Insinúo que quizás podría estar mejor acompañado.

En ese momento, apareció Javier como recién salido de la cama. En el horizonte, seguía sin moverse ni una ola.

–¡Qué calor, tíos! El día promete, ¿eh?

César y Toni, sentado uno y con el pie apoyado sobre un taburete el otro, lo miraron sin responder. Ambos sudaban a mares, a pesar de que eran tan sólo las ocho de la mañana.

–En días como éste –dijo Javier– uno se pregunta si ha hecho bien embarcándose en esta locura. ¿No echáis de menos tierra firme?

–¡Otro! –exclamó Toni– ¿Pero qué pasa hoy?

En la cocina, Enrique y Paco tomaban su primer café de la mañana mientras estudiaban las coordenadas en la carta náutica, completamente extendida sobre la mesa.

–Creo que los chicos están desanimados –comentó Paco–. Los he oído lamentarse en cubierta, echan de menos su casa.

–Están aburridos –respondió Enrique–. Hoy no hay absolutamente nada que hacer a bordo excepto esperar.

–Vamos a echarles un cable. ¿Qué te parece? –dijo Paco agotando su taza.

–Tú mandas. ¿Qué se te ha ocurrido?

–Ya lo verás.

Plegaron rápidamente la carta y se dirigieron al exterior. Los tres jóvenes estaban en silencio, enfrascado cada uno en sus reflexiones. Paco se sentó en un cofre, al lado de Javier.

–Cuando uno mira atrás –comenzó diciendo–, siempre tiene la sensación de que cualquier tiempo pasado fue mejor. Tendemos a idealizar los momentos vividos, pero muchas veces los recuerdos no son realistas. Eso sí, tienen la virtud de desmoralizarnos rápidamente.

César, Javier y Toni se miraron.

–Os propongo un pequeño juego –continuó Paco–. Quiero que cada uno de vosotros explique con qué soñaba cuando se embarcó en esta aventura, qué es lo que quiere y qué espera encontrar al final del viaje.

Ante los rostros de interrogante con que le regalaron los jóvenes, Paco decidió explicarse mejor:

–El viaje, la travesía, el camino que nos conduce hacia un objetivo puede verse entorpecido por algún obstáculo o problema que debemos superar. Si la meta no está clara en nuestra mente, si no está fijada en nuestra retina imaginativa, si no somos capaces de sentir las emociones, las sensaciones que nos provocará el haber llegado... no tendremos la energía, la fuerza, la voluntad, la constancia, el estímulo suficiente para superar los inconvenientes.

–Dicen que los niños que a menudo sueñan con claridad lo que serán en el futuro, de mayores acaban siendo lo que soñaron –intervino Enrique–. Soñar con fuerza es necesario. Ayuda a tener una visión clara del futuro e indica el camino que se ha de recorrer para alcanzarlo.

–Vamos a soñar en voz alta –resolvió Paco–. ¿Qué esperáis de este viaje? ¿Qué haréis cuando lleguemos a La Habana? Me gustaría que me lo describierais con pelos y señales. Con todos los detalles que podáis evocar: imágenes, música, gente, colores, olores... Quiero veros tal y como seáis capaces de imaginaros a vosotros mismos con los ojos cerrados. Intentad que vibremos con vuestro sueño.

–Yo me pasearé todo el día por el Malecón relatando a las cubanas mi hazaña –rió Toni–. Y, cuando vuelva, reuniré a mis amigos y les diré: «¿Veis?, lo conseguí». Las chicas irán locas detrás de mí.

–Eres incorregible –dijo Javier, moviendo la cabeza de lado a lado.

Toni continuó, dando un giro de gravedad a su tono:

–No, en serio. Yo sé que en cuanto volvamos a Barcelona tendré que currar duro, empezar una carrera, comenzar a luchar contra ese mundo real que nos espera allí: madrugar, fichar en la oficina, vestir con traje y corbata... Para mí, este viaje es como un último regalo, el final de una etapa de libertad y de independencia. Por eso, mi único objetivo es disfrutarlo al máximo, vivir la experiencia, llegar a La Habana... y, al volver, reunir a los amigos, enseñarles las diapositivas, torturarlos una y otra vez con mis batallitas y poder decir: «Soy un tío grande, lo he conseguido».

–¿Y vivir de recuerdos? –inquirió César.

–¿Y por qué no? Ya lo ha dicho Paco: cualquier tiempo pasado fue mejor. Pues intentaré que este viaje sea digno de convertirse en mi mejor recuerdo.

–Es un fin excelente –dijo Paco–. Me uno a tu espíritu. Pero no seas tan dramático, que éste no es tu último viaje.

–Es la locura más grande que he hecho nunca. Y merece un lugar alto en el podio.

Javier intervino:

–Mis sueños son quizás más materiales. Yo busco una experiencia, un crecimiento personal... aunque en días como hoy parezca imposible alcanzarlo.

–Continúa –le pidió Enrique.

–No sé, una especie de empuje que me demuestre que puedo

conseguir lo que me proponga... antes de volver a Barcelona y empezar mi carrera profesional. Estamos en un momento crucial de nuestras vidas. Los tres hemos cerrado la etapa de la universidad y ahora empieza otra historia completamente diferente. Yo quiero volver con las pilas puestas y la energía suficiente para triunfar.

–Un fin muy ambicioso –señaló Enrique–. Pero no imposible.

–Quiero ser un ganador... y ese sueño empieza en esta travesía –confirmó Javier.

–¿Y cómo imaginas la llegada? –preguntó Paco.

–Mi familia estará esperándome en el puerto. Les habremos avisado el día antes de que estamos llegando, supongo. Mi madre me abrazará y allí estará mi padre, a su lado, mirándome orgulloso. Le dedicaré este viaje. Él me ha enseñado a ser fuerte y exigente conmigo mismo. Y llegar es la mejor forma de demostrarle que he sido un buen alumno.

–¿Y tú, César? ¿Cuáles son tus sueños? –inquirió Paco.

–En mi caso –respondió César–, creo que todos conocéis la historia. Mi padre me prometió que haríamos esta travesía cuando tuviese dieciocho años. Pero se fue aplazando, hasta ahora. Por lo tanto, es un sueño largo, que viene casi de la niñez. Lo había imaginado decenas de veces. Y deseaba convertirlo en realidad: sentirme parte de la inmensidad del mar, dejarme abrazar por las olas, avanzar... hacia nuestro puerto. La Habana es el fin que nos hemos propuesto. Pero a veces desearía que el puerto de llegada estuviese más lejos para seguir navegando eternamente.

–Eso es imposible –dijo Paco.

–Tú me pediste que te contase mis sueños... y en los sueños todo es posible. Además, he dicho *a veces*. En días como hoy, sólo deseo pisar tierra firme... En realidad, mis objetivos no son tan claros como los de Javier o Toni. Para mí, este viaje es un fin en sí mismo. He imaginado la llegada, pero sobre todo he soñado, mil veces, con el camino.

–¿Y es tal como lo habías imaginado? –indagó Enrique.

–¡Uf!... es duro... más de lo que pensaba. Pero, en el fondo, me gusta. Los malos momentos añaden valor a las experiencias. Si las cosas son fáciles de conseguir, se vuelven triviales.

–Eso es verdad –aprobó Toni.

–En cuanto a la llegada –continuó César–, imagino la silueta de La Habana acercarse y la emoción que nos invade desde primera hora de la mañana, cuando comenzamos a divisarla. Veo las gaviotas que se acercan a saludarnos, percibo el inconfundible olor a salitre y gasolina... y diviso en el puerto a decenas de personas moverse apresuradas en una de las ciudades más vivas de nuestro planeta.

–Pues yo veo el puerto lleno de mulatas vitoreándome –bromeó Toni.

Todos se sonrieron. La añoranza desconcertante de la mañana había dado paso a una nostalgia enternecedora, optimista. En medio del silencio, las velas dejaron oír un plof plof característico.

–Parece que la mar vuelve a subir –dijo Enrique–. Con un poco de suerte, trae viento.

–¡Fabuloso! –dijo Paco–. Ahora que les habéis puesto palabras a vuestros sueños, ¿a que os sentís mejor?

–¡Mucho mejor! –determinó Toni.

–Es cierto que a veces haces las cosas sin saber exactamente por qué, o adónde vas... Por eso abandonas con facilidad –dijo César.

–Claro, ahora lo entiendo. Si tienes una visión clara de lo que quieres y la dibujas en tu mente, consigues la energía suficiente para llegar a ella. Hay que ponerle color, detalles y recrearse en ella... repetirla mentalmente –reflexionó Javier.

–Así funciona, por ejemplo, el mundo empresarial –intervino

Enrique–. Cuando uno crea su propia empresa, tiene este tipo de visiones de futuro... y eso lo ayuda a perseguir su objetivo. Cuando imaginas el puerto de llegada, al volver de tu sueño conoces el camino que debes tomar, ya que lo has visualizado.

–Tengo otra idea –dijo Paco, levantándose–. Es domingo. ¿Por qué no intentamos hablar con nuestras familias por radio? Es probable que las encontremos en casa.

Marta y Enrique tomaron el relevo en la guardia. El viento era ya de tres nudos e, izando génova y mayor, comenzaron a avanzar lentamente. El día no prometía grandes velocidades, pero al menos no se sentirían varados durante el resto de la jornada.

JORNADA SÉPTIMA

Longitud 029º 19' 00" W
Latitud 20º 48' 58" N

CAMBIO DE RUMBO

Verdaderamente, el cielo nítido y la esfera solar, con su cuerpo sublime, surgiendo de una mar resplandeciente y sosegada, dibujaban un paisaje cohesionado, de una perfección difícil de emular.

–¡Qué día tan alucinante! –exclamó César asomando la cabeza al exterior.

Javier, con aspecto alegre, lo seguía.

–Es Nochebuena –dijo–, y el tiempo está de nuestra parte.

Enrique y Paco, de guardia, observaron complacientes a los dos jóvenes que salían a reemplazarlos. Pero aún hubieron de retrasar unos minutos su relevo, ya que César y Javier decidieron darse en cubierta la preceptiva ducha matinal, armados de un cubo de agua que extraían directamente del mar.

–¡Hoy tenemos desayuno extra! –informó Javier mientras se sacudía–. Toni está preparando huevos fritos con jamón.

–Mmmm... Nada mejor que un desayuno reconfortante para ahuyentar los miedos de la noche –respondió Paco.

–¿De qué demonios hablas? –preguntó César, ya secándose.

–De fantasmas –respondió su padre.

–¿De fantasmas? –rió Javier–. Ya somos mayorcitos para las historias de terror, ¿no creéis?

–¿Habéis oído hablar alguna vez de los barcos fantasma? –preguntó Paco con rostro serio–. Pues resulta que esta noche hemos visto dos.

César se detuvo. En varias ocasiones, había leído historias acerca de esos barcos que aparecen y desaparecen sin explicación alguna.

–Es cierto. Hacia las tres de la mañana –relató Enrique–, de repente, hemos avistado las luces de cubierta y de navegación de dos barcos que se acercaban a nosotros por la proa, algo a estribor, viniendo de América.

–¿Iban a la deriva? –inquirió César.

–No. Estaban navegando.

–El más grande –continuó Paco– navegaba más al norte y ambos se iban acercando cada vez más, entre ellos y hacia nosotros.

–Ha llegado un momento en que formábamos un triángulo perfecto –confirmó Enrique.

–¿Y se puede saber por qué no nos habéis avisado? –preguntó César.

–Hemos estado a punto de hacerlo, pero luego hemos pensado que poco podíais hacer, excepto preocuparos. Además, estábamos como paralizados. Y, de repente, al cabo de una hora, cuando los dos barcos casi estaban a punto de tocarse, han desaparecido.

–¡¿Cómo?! –exclamó Javier, incrédulo.

–Se esfumaron –dijo Paco–. Desaparecieron las luces.

–¿Las apagaron? –preguntó César.

–¡Yo qué sé! Ni rastro de ellos. Así de simple. Había buena luna, se veía el horizonte con claridad, y hasta hemos mirado con los prismáticos... pero nada.

–Pensamos que quizás fuesen contrabandistas... o piratas –dijo Enrique–. Así que hemos decidido apagar también nosotros las luces, para que no pudiesen vernos en el caso de que siguiesen ahí. Y yo estoy convencido de que ahí estaban... En muchas ocasiones, he oído hablar de los piratas del mar.

–Pero, ¿existen? –se alarmó Javier.

–Ya lo creo. Se cuentan muchas historias de veleros, e incluso de grandes barcos, que son abordados y desvalijados por piratas. He oído que a menudo tiran por la borda a los tripulantes, se aprovechan de las mujeres que viajan a bordo y acaban hundiendo el barco, después de saquearlo a conciencia.

–Pero, si seguían ahí, ¡podríamos haber chocado! –se asustó César.

–Hemos cambiado un poco el rumbo durante dos horas, cayendo hacia el sur –lo tranquilizó Paco–. Y a las seis, cuando ha salido el sol y nos hemos cerciorado de que no había ningún barco a la vista, hemos vuelto a enderezarlo.

–Tendríais que haber visto a Paco –rió Enrique–. Estaba muerto de miedo. ¡No ha soltado las bengalas en toda la noche!

–¿Y qué pensabas hacer con las bengalas? –preguntó Javier.

–Son un arma de fuego, ¿no? –rió Paco. Y, mudando su rostro, añadió–: Lo reconozco, estaba asustado. Pero bueno, no ha pasado nada, aquí estamos.

–No os perdonaré nunca que no nos hayáis avisado –recriminó César.

–Para una vez que sucede algo emocionante... –dijo Javier.

–¿Algo emocionante? –dijo Enrique riendo–. ¡Desde que nos hemos embarcado, no ha habido un solo día en que no haya pasado nada!

–Bien, pues hoy promete ser una jornada tranquilita –dijo Javier–. Mira, ahí viene Toni a avisarnos de que los huevos ya están listos.

El cocinero salía espumadera en mano exclamando:

–¡Caray, qué vendaval!, ¿no?

Efectivamente, el viento había rolado en cuestión de segundos 20º al sur, tan rápidamente que nadie había tenido tiempo de percibirlo.

–¡Sí, chico! ¡Y hace un momento soplaba en dirección norte! –remarcó Paco–.

–El viento es caprichoso –dijo Enrique–. Hay que amollar las velas. Venga, chicos, entre todos lo hacemos en un momento.

El barco escoraba a babor y, con las velas amolladas, consiguieron adrizarlo un poco. Sin embargo, en aquel momento, el viento cambió de nuevo y comenzó a bajar rápidamente. Al cabo de unos minutos, había amainado hasta siete nudos. El *Mojito* se estaba parando.

–Tendremos que izar el spí –dijo Paco.

Toni comenzaba a impacientarse:

–¿Qué tal si bajamos a desayunar primero?

–Navegar es esto –respondió Enrique–. Lo primero es lo primero. Venga, ¡manos a la obra!

– Pero, ¿no podemos resolverlo de otra forma? –protestó Javier.

–Sí... ¿qué os parece si cambiamos el viento? –sonrió Paco mientras tiraba de la driza.

Javier y Toni lo miraron. El comentario no les había hecho ni pizca de gracia.

–¿Acaso podemos cambiar la dirección del viento? –siguió riendo Paco–. No. Hay que cambiar el rumbo. ¿Acaso podemos cambiar su intensidad? No, hay que cambiar las velas.

Mientras César y Paco izaban el spí, el viento cesó por completo, hasta dejar el *Mojito* completamente parado. La vela, que no había llegado a estar del todo izada, quedó colgando en toda su extensión, arrugada y triste.

–Bajémosla de nuevo si no queremos que se rompa –dijo Enrique.

Javier y Toni estaban paralizados. Un espeso nubarrón negro que había aparecido por arte de magia acababa de borrar cualquier rastro del sol, que hacía tan sólo unos momentos lucía radiante.

–Tanto cambio... ¿es normal?

–Son los fantasmas de la noche –bromeó Enrique–. Están preparando alguna jugarreta.

–¿De qué fantasmas habláis? –inquirió Toni, que no había soltado aún la espumadera.

Nadie pudo responderle, porque en ese momento un fuerte viento de proa obligó a cambiar rápidamente el rumbo del *Mojito*. La mar, hasta entonces calmada, empezó a subir aceleradamente, y balanceó con fuerza el velero de un lado a otro.

–¡Toni! –gritó Paco–. ¿Dónde has dejado los huevos?

–Encima de la mesa –respondió Toni, preguntándose si iban a pedirle que los subiese a cubierta.

–Pues ya deben de estar en el suelo –observó Enrique–. Corre a meter lo que quede dentro del fregadero.

Toni se apresuró pero, afortunadamente, en el interior Marta, recién levantada por los vaivenes del *Mojito*, ya había puesto a salvo el desayuno.

–Con la buena pinta que tenían... –se lamentó Toni.

–Pues nos tendremos que conformar con haberlos olido –dijo Marta.

Una fuerte escorada los lanzó el uno contra el otro sobre la mesa del comedor.

–¡Traed los trajes de agua! –gritó César, asomándose por el hueco de la escalera–. ¡Está lloviendo!

Toni y Marta se miraron. Hubiesen querido volverse a la cama e ignorar lo que estaba sucediendo allí afuera, pero hicieron un esfuerzo sobrehumano y abrieron los cofres para extraer la ropa que les reclamaban. En el exterior, Paco, César y Javier, completamente empapados, luchaban por hacerle un rizo a la mayor para frenar las tremendas escoradas, mientras Enrique intentaba controlar el timón. El piloto automático se negaba a responder.

–No nos queda más remedio que gobernar el barco a mano

–reconoció.

Ocho interminables horas se dilató la brega de los seis tripulantes contra los elementos de la naturaleza. Ocho horas en las que hubo que enrollar y desenrollar el génova repetidas veces, rizar la mayor, izar y arriar el spinnaker y variar el rumbo en diversas ocasiones para esquivar la fuerza de las olas. A mediodía, la fatiga hacía mella en todos y, en los escasos momentos de calma, se establecieron turnos de guardia de tres personas para que la mitad de la tripulación pudiese descansar. No obstante, el tiempo no concedía tregua al *Mojito* y, en cuanto se descendía, había que volver a subir para resolver algún que otro cambio imprevisto.

–Me estoy volviendo loco –dijo en algún momento Toni.

–Hay que apechugar, chico –le respondió Marta–. No podemos hacer nada contra el tiempo.

–Pero es que, además, nos estamos alejando de nuestra ruta. Llevamos horas navegando con un rumbo diferente al que deberíamos llevar.

–Pero ahora es el más conveniente –dijo Marta.

–¡Ya volveremos a nuestro rumbo cuando pase la tormenta! –le gritó Enrique desde el timón–. Ahora no tenemos más remedio que adaptarnos como podamos a la situación.

–Ninguna tormenta dura para siempre –lo consoló Marta mientras se aprestaba a ayudar a César a enrollar de nuevo el génova–. Por encima de las nubes, siempre se esconde el sol. Y asomará en cualquier momento.

–Pues esta tormenta va camino de acabar con nosotros –respondió Toni.

A primera hora de la tarde, con un giro tan sorprendente como el de la mañana, el viento amainó hasta 20 nudos, la mar bajó considerablemente, el *Mojito* consiguió mantener el equilibrio sin que la cubierta pareciese una atracción de feria y las velas, alegremente hinchadas, comenzaron a empujar el velero con suavidad. En apenas unas horas, la calma sucedió a la tempestad y el sol brillaba con especial intensidad, asomando de nuevo por entre unas nubes deshilachadas, que poco tenían que ver con los nubarrones que los habían cubierto durante buena parte del día. Casi se diría que todo había sido una alucinación y que nunca existió tal tempestad.

–Sorprendente –dijo Enrique soltando el timón y conectando el piloto.

La tripulación al completo, en la bañera, observaba el espectáculo sin articular palabra. Javier se deshizo de su traje de aguas. Toni y César se desmoronaron sobre un cofre. Y durante diez minutos se mantuvo un absoluto silencio a bordo. Con el sol en todo su esplendor, Marta dijo:

–Así es la naturaleza... a veces aliada, a veces enemiga.

–Pues hoy se ha portado muy mal con nosotros –se quejó Toni.

–Hay que estar preparados para los cambios –dijo Paco–. Y ser capaces de adaptarse, de desaprender lo aprendido.

–¿Qué pasa si has de cambiar el rumbo y alejarte momentáneamente de tu ruta? –observó Enrique–. No pasa nada. Después vuelves al rumbo en que debes navegar y todo resuelto. Lo que hemos perdido lo podemos recuperar rápidamente en cuanto encontremos los alisios.

–Lo importante es no perder el norte, tener paciencia y, mientras tanto, hacer todo lo que esté en nuestras manos –afirmó Marta.

–Es como la vida misma –remarcó Enrique–. No podemos cambiar nuestro entorno, por más que queramos. Somos nosotros los que tenemos que adaptarnos a medida que vamos navegando por la vida, para no perder el rumbo...

–Pero la verdad es que la mayoría de gente se paraliza –intervino Paco–. No hacen nada y esperan que sea el entorno el que cambie. Se limitan a lamentarse, excusarse, culpar a otros, jurar en hebreo... En definitiva, se pasan el día protestando. Y, cuando les preguntas qué hacen ellos para cambiar la situación te responden que no pueden hacer nada.

–Son víctimas de la vida –dijo Marta.

–También hay quienes tardan tanto en cambiar y adaptarse que, cuando quieren hacerlo, ya es tarde –añadió Javier.

–Yo pienso que no hay que esperar a que la situación sea acuciante –dijo Marta–. Siempre hay que estar abierto a cambiar, sin perder de vista el norte, el camino que queremos seguir.

–Bien, y ahora que ya no hay nada acuciante que hacer, ¿podríamos ir a comer? –dijo César–. ¡Me muero de hambre!

–¡Venga pues! Todos a la cocina a recuperar fuerzas mientras yo enderezo el rumbo –ordenó Paco–. ¡Ah, Toni!, los huevos ya los puedes tirar a los peces, ¿eh?

Toni sonrió:

–Os propongo picar alguna cosa rápida mientras os preparo una cena especial de Nochebuena: entrecot con salsa a la pimienta. ¿Qué os parece?

–Mmmmm... No suena nada mal –se relamió Enrique–. Pero, ¿de dónde piensas sacar un entrecot en alta mar?

–Era una sorpresa. Lo compré en Las Palmas y lo he tenido guardado en el fondo del congelador hasta hoy.

–Vaya, vaya... ¡Esto sí es una buena noticia!

–Espero que el tiempo nos deje comer tranquilos –pidió Toni mirando al cielo.

–Si no hace frío, cenaremos en cubierta –dijo Enrique–. Y representaremos un belén viviente.

–¡Me pido el Niño Jesús! –rió Toni.

–Te queda que ni pintado –respondió Enrique–. Yo me quedaré con la mula, que también es lo que mejor me va.

Paco celebró la ocurrencia con una palmada en el hombro de su amigo. Después de que la peor jornada en siete días amenazase con arruinar aquella fecha tan especial, todo volvía a la normalidad. Estaba seguro de que viento, mar y cielo se aliarían para hacer de aquélla una Nochebuena inolvidable.

JORNADA OCTAVA

Longitud 031º 34' 00" W
Latitud 19º 58' 00" N

UNA BUENA ACCIÓN NAVIDEÑA

Mañana del 25 de diciembre. Polvorones y mazapanes incluidos, el desayuno de Navidad transcurrió entre risas y recuerdos de la noche anterior. Tal como había pedido Paco, los astros se habían aliado para convertir la cena en un oasis de paz. Y la fiesta se había prolongado en cubierta hasta bien entrada la madrugada. Javier y César habían confeccionado unas banderolas de colores para adornar el mástil. Con todas sus luces encendidas, el *Mojito* surcó el Atlántico con mayor vigor que nunca.

Tras la opulenta cena, los seis tripulantes salieron a la bañera a representar su particular versión del belén viviente.

Evidentemente, Marta fue la Virgen María. Javier, San José.

César y Enrique protagonizaron una fabulosa transformación zoomorfa en buey y burro. Y Paco fue el ángel. Toni, como había pedido, se convirtió en el mecido y adorado Niño Jesús.

Como en cualquier celebración navideña, el vino dulce y el cava hicieron de las suyas y hubo quien se tomó demasiado en serio su rol. Tanto es así que, en un ataque de ternura, Javier y Marta, ante los ojos atónitos del ángel Paco, que realizaba la Anunciación, se tomaron de las manos y acabaron enfrascados en un afectuoso beso. Por detrás, buey y burro castigaron el atrevimiento con cornadas y coces. Y, en la cuna, el Niño Jesús se puso a gimotear:

–¡Yo también quiero besos de mamá!

El ángel, armado con una varita de brujo, interrumpió la escena:

–¡Se acabó la magia! ¡Despertad del sueño!

Y dio así por finalizada la curiosa representación.

Nadie osó recordar al día siguiente el episodio de amor. «Mutis por el foro». Y como el desayuno se prolongaba en una especie de melancolía que amenazaba con convertir el día en una orgía de tristeza, Enrique propuso insuflar un poco de marcha a la Navidad.

–¡Zafarrancho de combate! ¡Vamos a dejar el barco como una patena! ¡Hoy es un día señalado y hay que celebrarlo!

Durante el resto de la mañana, baldearon la cubierta, limpiaron las velas, dieron un repaso minucioso general, subieron al mástil para descartar cualquier problema y, ya cercano el mediodía, Toni, César y Marta se reunieron en la cocina para preparar el gran festín.

–La verdad es que la Navidad te pone a prueba el estómago. ¿De dónde vendrá esta costumbre de comer tanto? –inquirió Toni, mientras luchaba con el pollo congelado.

–Antiguamente, era la única vez al año en que mucha gente podía comer carne. Durante meses, ahorraban para este día –respondió César.

–En todo caso, a nosotros nos vendrá bien –dijo Marta–. Creo que, desde que nos embarcamos, he perdido unos cuantos kilos.

–A mí se me caen todos los pantalones –dijo Toni–. Y eso que estoy todo el tiempo en la cocina picoteando.

–¡Mira, qué aprovechado! –se quejó César.

–Bueno, para algo soy el chef.

Marta, callada, preparaba el relleno de trufas y frutos secos del pollo en un mortero. De repente, dijo:

–Desde que era pequeña, siempre intento realizar alguna buena acción en Navidad. Es una tradición familiar. Pero este año no sé qué podría hacer.

Toni y César se miraron en silencio. Finalmente, Toni dijo:

–Si quieres, yo podría ser el destinatario de tu buena acción...

–¡Eh! ¡Nada de marranadas! –rió César– ¡Que hoy es un día inocente!

–Desde luego, ¡qué mal concepto tienes de mí! –protestó Toni.

–¡Será porque te lo has ganado a pulso! –rió Marta.

–Pues no es nada de lo que estáis pensando. No iba a proponer nada indecente. Sólo quería que me ayudases en algo.

–En ese caso –respondió Marta–, acepto tu petición de auxilio. Dime, ¿qué es lo que quieres?

–Me gustaría entender algunas cosas que no comprendo de mí mismo.

–Mmmmm... interesante. ¿Puedo participar en el debate? –pidió César, que ansiaba poder decirle a su amigo algunas cosas que tenía guardadas–. ¡No se me presentan tan a menudo ocasiones como ésta!

–Claro –dijo Toni–. Pero sin pasarse, que te conozco. Mejor prepara más café mientras acabamos con el relleno, y lo hablamos sentados.

Con el pollo en los fogones y frente a tres tazas humeantes, los tres jóvenes se reunieron alrededor de la mesa.

–Tú dirás –dijo Marta–. ¿En qué podemos ayudarte?

–En primer lugar, quiero deciros que, con todos vosotros, he aprendido muchísimas cosas en los últimos días... Sois unos compañeros de navegación increíbles.

Marta le cogió la mano por encima de la mesa. El agradable tacto de la madera gastada, añeja, contribuía a crear una atmósfera de confianza.

–Me gustaría saber cómo me veis desde fuera para descubrir

qué pasa conmigo... ¿Por qué hago tantas cosas a disgusto? ¿Por qué me quejo todo el día? ¿Por qué no disfruto?

–No te entiendo –dijo Marta–. Parece que estés hablando de otra persona. Tú no eres así. Al contrario, en el barco eres predispuesto, siempre estás alegre, te veo disfrutar, te das a los demás... No entiendo a qué te refieres.

–Cierto. Así es como me ves. En mi vida social, soy una persona normal, tirando a buen tío.

–Eres un tipo excelente –dijo César–. Amigo de tus amigos, detallista, generoso, atento...

–Ésa es mi cara amable –dijo Toni–. Pero no soy así en todas las facetas de mi vida. Por ejemplo, en el trabajo sólo cargo negatividad, me quejo todo el día... No me entiendo a mí mismo y quiero que me ayudéis.

–¡Uf! –rió Marta–. ¿Tú te das cuenta de lo que nos estás pidiendo? ¡Esto da para seis meses de terapia!

–Os lo voy a poner más fácil: ¿qué puedo hacer para conseguir dejar de quejarme todo el día y automotivarme?

–Básicamente –dijo Marta–, estar predispuesto a tener una buena actitud. Sólo así encontrarás la motivación que necesitas.

–Pero cuando curro, me transformo –insistió Toni–. Y eso me da miedo. Ya sabéis que, mientras estudiaba y ahora que todavía no he empezado a buscar algo en mi ramo, ayudo a mi padre en la camisería familiar. Me he dado cuenta de que mi actitud no puede ser más negativa e indiferente... y me asusta que me pase lo mismo en todos los trabajos que tenga.

–Es verdad –asintió Cesar, dirigiéndose a Marta–. Un día lo comprobé. Y me quedé muy sorprendido. Era un sábado en que Toni nos invitó a una fiesta en su casa. Éramos unos cuantos colegas. Nos atendió como a reyes. Lo preparó todo con esmero: puso velas en el jardín, iluminó las escaleras con faroles de colores, escogió cuidadosamente la música ambiental, pidió a su madre que nos preparase unos canapés fabulosos... No faltó ni un detalle. Ese día, yo lo admiraba; me pareció que tenía una capacidad extraordinaria para hacerse querer, para atraer las energías positivas de los demás.

–¡Guau!, yo quiero ir a una de esas fiestas –sonrió Marta.

–En cuanto volvamos a Barcelona, estás invitada –dijo Toni–.

–Pero luego comprobé que Toni es así sólo a veces –prosiguió César–. El lunes siguiente por la mañana pasé muy cerca de la tienda y decidí entrar a saludarlo y a decirle que la fiesta había sido todo un éxito. Lo encontré apoyado de mala manera en el mostrador, ojeando una revista con cara de estar más aburrido que una ostra.

–Tampoco te pases –dijo Toni.

–¡Pero si es la verdad! No eras el mismo. Mientras charlábamos, me di cuenta de que dos clientes esperaban que les atendieses y te lo comenté. Me dijiste «ahora voy»... pero pasaste de todo. Yo estaba alucinado. Los dos clientes no hacían más que demostrar, como podían, que estaban allí. Uno te pidió por favor si lo podías ayudar. Tú le dijiste que esperase un momento ¡y seguiste hablando conmigo mientras mirabas la revista como si tal cosa! ¡Ni siquiera a mí me prestabas atención!

–Bueno, quizás tenía un mal día –protestó Toni–. Normalmente, atiendo a la gente. Más que nada porque, si no, el negocio familiar se va al garete. Pero, sí, de eso es de lo que os quería hablar. Trabajo con desgana, arrastro los pies, me apoyo en las paredes, me escaqueo en cuanto puedo... Y lo peor es que soy consciente de ello y no puedo evitarlo. Cuando me levanto por la mañana y sé que tengo que ir a la tienda, me entran todos los males.

–Quizás el problema es que no te gusta el trabajo –sugirió Marta.

–No, no es eso. El trabajo no me disgusta especialmente.

–Entonces es un problema de actitud. No logras motivarte lo

suficiente. No estás predispuesto positivamente. Y si has tomado tú la decisión de trabajar en la tienda de tu padre, deberías estarlo.

–Quizás sea eso... a lo mejor es porque no lo he decidido yo.

–No te engañes. Quien decide qué es lo que haces con tu vida siempre eres tú. Nunca digas que han sido los demás los que han decidido por ti. Tú escoges: tomar las riendas de tu vida o dejar que sean otros quienes lo hagan. La cuestión está en adoptar decisiones buenas o menos buenas. Una vez que ya has decidido, debes hacer lo posible por buscar la parte positiva de lo que tienes. El primer beneficiado eres tú. No lo hagas por los demás, hazlo por ti mismo.

–Yo creo que es el ambiente de la tienda; tan cerrado, todo el día con luz artificial... Y los clientes, que son un poco casposos.

–Todo tiene dos partes: una negativa y otra positiva –prosiguió Marta–: Tener hijos, trabajar, casarse... no hay nada que sea cien por cien positivo. Pero se trata de ver la botella medio llena o medio vacía. El trabajo siempre tiene sus recompensas pero también exige sus esfuerzos.

–Y aún diría más –intervino César–, yo he aprendido que casi todo lo que vale la pena cuesta mucho esfuerzo. Es una nueva ley natural que he descubierto: «El valor de las cosas es directamente proporcional al esfuerzo que hagas para conseguirlas».

–Muy gracioso –dijo Toni, con una mueca.

–Así sientes la satisfacción de que lo que has hecho es tuyo, es tu éxito. Si fuese fácil conseguirlo, no lo valorarías de la misma manera –dijo Marta.

–Todo eso son chorradas. Queda muy bien decirlo pero, en el fondo, todos queremos conseguir las cosas fácilmente.

–Estás muy equivocado –dijo Marta–. Automotivarse no equivale a autoengañarse. Consiste en poner las cosas en la balanza y extraer lo positivo de cada situación. Centrarnos en ello. ¿Qué prefieres?, ¿estar quejándote todo el día porque sólo ves lo negativo?

–Esa estrategia te sirve un día, y al siguiente, pero al tercero ya no te motiva –protestó Toni, reacio a aceptar los consejos de su amiga.

–Mirad. A mis 31 años, he viajado mucho, he vivido muchas cosas, unas buenas y otras no tanto, y he intentado extraer de todas ellas lo más positivo que he encontrado. Una vez, por circunstancias de la vida, trabajé en la limpieza de un edificio de oficinas de Granada. Los primeros días fueron terribles. Pero, para automotivarme, me dije: «Has tomado la decisión de decir sí a este trabajo y, por lo tanto, tienes que hacerlo lo mejor posible». Además, me propuse no pensar en el tiempo que necesitaba para acabar toda la oficina. Sólo me centraba en limpiar cada mesa lo mejor posible, en el tiempo necesario. Y luego me centraba en la siguiente, hasta que acababa sin darme cuenta. Finalmente, pensé que gracias a mi esfuerzo un montón de gente trabajaba más a gusto, en un entorno limpio. Así, mi actitud ante el trabajo cambió. Lo hacía con ilusión. Me gustaba.

–Eres muy valiente –dijo Toni–. Yo me hubiese deprimido.

–A veces –respondió Marta–, hay que dejar para más adelante los placeres inmediatos y tener la vista puesta en conseguir otros resultados, a largo o medio plazo. Y, por el camino, podemos ponernos pequeños objetivos diarios, alcanzables, que nos irán motivando.

–A eso lo llamo yo ir despacito y con buena letra –intervino César–. O limpiar el edificio mesa a mesa...

–Es como cuando quieres adelgazarte diez kilos. Si pretendes hacerlo rápidamente, pierdes la paciencia. Pero si te pones un objetivo diario de doscientos gramos, te automotivas. Además, cuando consigues lo que te has propuesto, debes celebrarlo.

–¡Pero no comiendo! –rió Toni.

–Es bueno hacerse pequeños regalos, premiarse.

–Esta conversación se está poniendo interesante –dijo César–. Me identifico: lo positivo debe pesar más que lo negativo en la balanza. Y, si no es así, debes buscar más cosas positivas en lo que haces.

–A veces existen las partes positivas, pero no las ves –dijo Toni.

–Entonces es como si no existiesen –replicó Marta–. Cuando nos encontramos desanimados, como tú, debemos preguntarnos qué nos motiva en cada circunstancia. Puede ser que nos guste la atención al público, que nos vaya bien el horario, que aprendamos en el trabajo, que nos preparemos para el futuro, que formemos parte de un proyecto, de un equipo... Pero si lo que respondemos es «nada», entonces, está claro, debemos cambiar de situación.

Toni los miró con cara de interrogante. Los argumentos de ambos no lo acababan de convencer. Así que Marta decidió atacar de nuevo:

–Pon los pros y los contras en una balanza.

–¿Y si los contras pesan más?

–Hay dos posibilidades. Una: no eres capaz de ver los pros y debes pedir ayuda a alguien de tu alrededor para que te ayude a encontrarlos. Así no te sucederá aquello tan frecuente de que sólo vemos lo bueno de las cosas cuando ya las hemos perdido.

–¿Y dos?

–Dos: El esfuerzo que haces en el trabajo es mayor que el resultado que obtienes. Si es así, nunca conseguirás estar motivado. Cambia de trabajo. Pero ojo, si en todos los trabajos te sucede lo mismo, busca el problema en ti mismo.

–¿Y qué pasa si la balanza está equilibrada? ¿Si los pros y los contras pesan lo mismo?

–Busca en los pequeños detalles; son los que harán que la balanza se decante hacia un lado u otro. Los grandes detalles son siempre obvios. La suma de los pequeños es lo que te hace sufrir o disfrutar.

El aroma del pollo relleno se extendía ya por todo el interior del barco y probablemente incluso por el exterior, dado que Paco descendió en ese momento las escaleras, husmeando y siguiendo con la nariz el rastro de los fogones. Abrió el perol enorme, introdujo la cuchara de madera y probó el caldito que hacía chup–chup.

–¡Esto está casi listo! –exclamó–. ¡Venga, a poner la mesa! Por cierto, ¿qué tramáis tanto rato de cháchara aquí abajo?

Los tres jóvenes se miraron y se sonrieron.

–Vamos a automotivarnos zampándonos la mejor comida de Navidad de nuestras vidas –dijo Toni. Y, guiñando un ojo a sus compañeros, dijo–: Gracias, chicos.

En ese momento, Enrique asomó por la escalera gritando:

–¡Venid a ver los delfines! ¡Son enormes!

César, Marta y Toni corrieron al exterior, mientras Paco se ofrecía a seguir cuidando de los fogones:

–¡Pero no te vayas comiendo el pollo con la excusa de probarlo! –le advirtió Toni desconfiado.

En cubierta, con una agradable mar rizada y una brisa marina templada y limpia, la tripulación disfrutó de un espectáculo irrepetible. Tres preciosos delfines adultos los acompañaban, nadando paralelamente al velero y realizando estupendas piruetas, mientras les regalaban con sus divertidas risas. Parecía como si quisiesen transmitirles algún mensaje navideño. En ocasiones, se sumergían al unísono al tocar la proa del barco y el *Mojito* surcaba el mar atravesando feliz por encima de los tres animales. Velero y delfines componían una estampa admirable. Al cabo de unos minutos, estos increíbles animales, con cuerpo de pez y sensibilidad casi humana, se despidieron realizando una acrobacia circense y se alejaron dejándoles el eco de sus sonidos regocijantes. Fue entonces cuando la naturaleza y el hombre, a bordo de su *Mojito*, se evidenciaron fruto de una creación magnánima, armoniosa, bella. Justo en el momento en que Paco, relamiéndose los labios, asomaba gritando:

–¡O bajáis ya o me como lo que queda del pollo!

JORNADA NOVENA:

Longitud 033º 58' 33" W
Latitud 19º 26' 00" N

MAREJADA A BORDO

El veintiséis de diciembre se despertó con la driza del spí a punto de romperse como consecuencia del roce de la polea. Javier detectó el problema en la primera guardia de la mañana y, en cuanto Enrique asomó la nariz por la escalera, se lo comunicó. Acabado el desayuno, ambos se pusieron manos a la obra. La vela estaba arriada y si el viento no cambiaba de repente, era poco probable que tuviesen que izarla. Era el momento idóneo para correr el grillete. Enrique se situó a popa, abriendo el freno y dando driza. Mientras, Javier, a proa, sacaba el grillete y cortaba el trozo desgastado. En realidad, pensaba Enrique, no era más que una operación rutinaria, que quizás deberían haber hecho días antes. Como también revisar el grupo electrógeno. Hoy lo haría sin falta. Mientras andaba sumido en estas reflexiones, sin dejar de sujetar la driza, observó que Javier, asomado sobre el candelero, manipulaba algo en el exterior del barco. Enrique supuso que había acabado su trabajo y cazó la driza pero, para su sorpresa, ésta se escurrió por la polea del mástil a toda velocidad y se coló, delante de sus narices y sin que pudiese hacer nada para evitarlo, dentro del palo.

–¡¿No estaba puesto el grillete?! –gritó con visible enfado.

–¡No! ¿Por qué la has cazado? –respondió Enrique.

–Pues porque te vi haciendo otras cosas y pensé que habías acabado. ¿Qué demonios estabas haciendo?

–¡Eh! ¡No te enfades conmigo! –gritó Javier molesto–. La culpa es tuya por no haberme preguntado y dar por hecho que ya había acabado.

Enrique se calló pensando que los jóvenes estaban tan dispersos que no sabían centrarse en lo que hacían ni por un momento. Con gesto de resignación, trepó al mástil para rescatar la driza. Y Javier colocó, por fin, el grillete. El incidente estuvo resuelto en una hora y las aguas volvieron rápidamente a su cauce. Pero Enrique seguía pensando en la necesidad de revisar el grupo electrógeno antes de que sucediese algún imprevisto.

La experiencia a bordo le decía que todas las precauciones eran pocas. Así que, en el comedor, le dijo a Paco:

–Voy a cambiar la próxima guardia para poder dedicarme a revisar unos temas que me preocupan.

–Nos tocaba entrar a las once.

–Sí, pero la cambiaré para más tarde. ¿Con quién hiciste la guardia de anoche?

–Con Toni.

–Pues ya está. Volvéis a hacerla los dos juntos y yo cubriré la de Toni después.

–Que debe de ser la de las tres.

–Exacto. Me da tiempo de hacer todo lo que tengo planeado.

Enrique se dirigió acto seguido a la bañera, cargado con su caja de herramientas. Se sentía animado, por lo que pensó en aprovechar para comprobar también la bomba de agua y el motor de arranque. Estaría liado toda la mañana entre tornillos, tuercas y manguitos. Encontró la carcasa del grupo electrógeno bastante sucia y el motor sudaba un poco de aceite. Así pues, se dedicó a limpiar con cuidado todas las piezas afectadas. Cerca de las once, recordó que no había avisado a Toni de que debía hacer la guardia con Paco. Bajó al comedor y lo encontró atareado en la cocina.

–¿Sabes que me tienes que sustituir en la guardia de las once?

–No. ¿Por qué?

–Estoy revisando unas cuantas cosas que me llevarán toda la mañana. Y te he cambiado la guardia. Yo haré la de las tres.

–Pero yo estoy preparando la comida. Ahora no puedo.

–Pensé que no habría problema. Como siempre preparas la comida a primera hora, en cuanto te levantas...

–Sí, es una costumbre que tengo, por si acaso tengo que hacer alguna otra cosa después. Pero hoy no he preparado nada todavía.

–Pues necesito que hagas la guardia. Marta y Javier duermen. César está ocupado resintonizando la radio, que se ha vuelto loca. Y yo tengo el grupo electrógeno medio desmontado.

–¡Pues no puedo, Enrique! –se exasperó Toni–. ¡Tendrías que haberme consultado antes de decidirlo!

Enrique pensó que Toni exageraba y que todo era cuestión de organizarse.

–Bueno, vamos a ver. Hagamos una cosa. Deja lo que estés preparando a medias, lo guardamos para la noche y a mediodía comemos cualquier otra cosa: unos sándwiches o algo así. Por un día no va a pasar nada.

–No me parece bien, pero si no hay más remedio... La próxima vez, por lo menos, pregúntame antes. No des por sentado algo que no sabes.

–No te pongas así, tampoco es para tanto... –protestó Enrique.

En cubierta, Enrique pudo comprobar que Toni estaba molesto con él, ya que no le dirigió la palabra en toda la mañana. Incluso observó que le transmitía a Paco sus quejas. A mediodía, el incidente se resolvió con unos cuantos sándwiches y un puré de patata que el mismo Enrique se encargó de preparar. A las dos, con todos los aparatos revisados y en perfecto funcionamiento, tomó, junto con César, el relevo en la guardia. Afortunadamente, la tarde se presentaba más plácida que la mañana. El viento soplaba con fuerza cuatro y navegaban a buen ritmo, con olas cortas que balanceaban suavemente el velero. El parte meteorológico de la BLU, que por fin César había logrado escuchar, auguraba una continuidad de la bonanza por lo menos hasta la noche. En breve, encontrarían los alisios y navegarían finalmente a gran velocidad hacia su destino, los ochenta y tres grados de longitud de La Habana. Enrique y César se deleitaban imaginando cómo sería la navegación una vez dentro de la ansiada corriente y el buen humor reinaba entre ellos. En el extremo de la bañera, Javier, echado en cubierta, leía una aventura de navegación. Enrique lo observó y, deseando enmendar el enfado de la mañana, tuvo una idea:

–Vamos a jugar al «hombre al agua» –le dijo a César–. ¿Recuerdas el juego?

–Claro. ¿Cómo no me voy a acordar? Estuvimos jugando toda una semana cuando hicimos la travesía a Ibiza.

Cierto. Fue durante aquel viaje cuando César, todavía un niño, se cayó accidentalmente al agua y tuvieron que subirle a bordo con el tangón. Toda una proeza de su hijo, de la que se sentía orgulloso. La mala mar, de un metro y medio, impedía subirle acercándole al barco. Se movía tanto que el casco le hubiese propinado un golpe fatal. Así pues, la única solución fue atar un aro salvavidas al extremo del tangón, girarlo 90º perpendiculares al barco y sacarlo fuera de la borda, como una grúa. Descubierto el truco, César insistió en repetir la proeza cada tarde, pero esta vez como un juego.

–Vamos a recordar viejos tiempos. Suelta el tangón. Le daremos una sorpresa a Javier. Seguro que no conoce el juego –dijo Enrique mientras entraba corriendo a buscar un arnés de seguridad.

A su vuelta, encontró a César en bañador, dispuesto a tirarse al mar. Como el niño que recordaba. Mientras colgaba el arnés en el extremo del tangón, gritó:

–¡Javier! ¡Ven, que nos vamos a divertir un rato!

Javier apartó con desgana el libro. Estaba a punto de quedarse dormido bajo el plácido sol. Se incorporó un poco para observar qué pasaba, pero Enrique lo llamaba de nuevo. Con desinterés, se levantó y se dirigió a estribor, donde César se colocaba ya el arnés de seguridad. No entendía nada. Tenía la cabeza embotada por el sol y el sueño y sólo deseaba tranquilidad. Pero en cuanto llegó junto a ellos, Enrique le colocó una driza en la mano.

–Ves soltándola poco a poco, con cuidado –le dijo, mientras se apresuraba a ayudar a César a saltar por la borda.

Javier obedeció sin saber muy bien si estaban jugando o rescatando a alguien del agua. Pero en cuanto vio a César suspendido del extremo del tangón y haciendo piruetas sobre el agua, comprendió que se trataba de un juego. ¡Que nadie le había explicado!

–Divertido, ¿eh? –le dijo Enrique dándole un codazo amistoso.

–Mucho –pronunció Javier a regañadientes–. Pero resulta que yo estaba leyendo y tomando el sol tranquilamente.

Enrique se sorprendió. No entendía por qué todo cuanto hacía despertaba en los demás reacciones negativas.

–Pensé que te gustaría el juego –dijo apesadumbrado.

–Y me gusta. Pero hay un momento para cada cosa. No siempre tiene uno ganas de jugar. Tendrías que habérmelo preguntado antes de plantarme la driza en la mano y meterme en esta historia a la que no me apetece nada jugar.

Enrique se molestó por las duras palabras del joven:

–No te preocupes. Ya sujeto yo la driza. Con dos personas es suficiente para seguir jugando.

–Vale. Me vuelvo con mi libro –respondió Javier sin dudarlo.

Pero el joven recogió sus cosas y se dirigió a los camarotes. En el agua, César reclamaba ser rescatado y Enrique comenzó a subirlo con la driza y a embarcar el tangón tirando de la contra. Una vez en cubierta, el joven preguntó:

–¿Y Javi? ¿Dónde ha ido?

–Adentro. No le apetece jugar.

–Ah. ¿Te tiras tú ahora, pues? –respondió César con naturalidad.

– No. Se me han quitado las ganas. Venga, vamos a recoger.

César se sorprendió.

–¿Y eso por qué? ¿Qué te pasa? Pero si fuiste tú quien propuso jugar.

Enrique lo miró entristecido.

–Mira, César, en todo el día no he dado pie con bola con tus amigos. Por la mañana, Javier se molestó conmigo porque no le pregunté si ya había colocado el grillete cuando estábamos cambiando la driza del spí.

–Sí, algo de eso me contó. Estaba enfadado porque encima parecía que fuese él quien tenía la culpa.

–Lo vi despistado con otras cosas y pensé que ya había terminado el trabajo.

–Pero no le preguntaste.

–Es cierto –reconoció Enrique–. Fue fallo mío. Creía que ya estaba puesto el grillete. Luego Toni también se molestó porque le cambié la guardia sin consultarle. Yo pensaba que no tendría inconveniente... Y en todo el día no me ha dirigido la palabra.

–Ya se le pasará. Pero también fue culpa tuya por no avisarlo.

–Di por supuesto que le iría bien. Como siempre prepara la comida nada más levantarse...

–A lo mejor te equivocaste al presuponer las cosas.

–Sí, ha sido un error. Esa actitud sólo conduce a enfados, malos resultados, equivocaciones... Y ahora que quería reconciliarme con Javier, lo único que he conseguido es que todavía se enfade más, porque no le he preguntado si le apetecía jugar. Le puse la driza en la mano sin contar con él, casi obligándolo a hacer algo que no quería. ¡Qué desastre!

–A los dos se les pasará pronto –lo tranquilizó César–. Los conozco muy bien. Pero has de tener más tacto. La próxima vez no decidas por ellos, pregunta antes. No imagines cosas. Simplemente, pregunta.

–Tienes razón –asintió Enrique–. Pero es que todo me parecía tan obvio que no sentí la necesidad.

–Obvio, ¿para quién? Parece que para ellos no lo era tanto.

–Quizás también fue un poco de falta de interés por mi parte –dijo Enrique, dando una palmada en el hombro a su hijo–. Voy a decirles que lo siento a los dos.

Encontró a Javier, Toni y Marta sentados a la mesa del comedor. Observaban la carta de navegación.

–No quiero interrumpir, chicos –dijo Enrique–. Solamente quería deciros que siento todo lo sucedido hoy. No os he preguntado antes de tomar decisiones que os afectaban, supongo que por pereza, porque di las cosas por sentadas y por falta de interés. Ha sido un error por mi parte y entiendo que estéis molestos conmigo.

–No pasa nada –dijo Toni–. Yo ya lo había olvidado.

–A menudo no preguntamos tanto como debiéramos –respondió Javier–. A veces incluso por vergüenza, como sucede en la universidad; o por no hablar en público; o por no reconocer que no sabemos algo. Hay muchas razones.

–Pero lo que está claro es que, si no preguntamos, acabamos por meter la pata –intervino Marta.

Enrique se sintió satisfecho por la comprensión hallada en los jóvenes.

–Bien, dicho esto me vuelvo a mi guardia y os dejo con vuestras cosas.

En su camino al exterior, aún se giró de nuevo, miró a los

chicos, sonrió y dijo:

–Gracias.

JORNADA DÉCIMA

Longitud 038º 50' 00" W
Latitud 19º 00' 00" N

¡HOMBRE AL AGUA!

A última hora de la tarde, por fin el GPS dio señal de que se habían alcanzado los 19 grados de latitud. En poco más de una hora, el *Mojito* comenzó a avanzar con alegre velocidad impulsado por los alisios. Tal como les había anunciado Rafael del Castillo en la Rueda de los Navegantes de la noche anterior, encontraron la ansiada corriente tropical a un grado menos de lo previsto. Hasta el momento, habían recorrido 1.300 millas náuticas y les faltaban menos de cuatrocientas para plantarse en el ecuador de la travesía, dato que Paco anotó con evidente satisfacción en el diario de navegación. La noticia levantó el ánimo de la tripulación, que cada vez sentía más cercano el puerto de La Habana. A las diez de la noche, ya se había llegado sin esfuerzo a los siete nudos de velocidad. Y ello a pesar de que la mar les regalaba con una calma fuera de lo habitual en esas latitudes.

La noche lucía majestuosa, con su tupido tapiz de estrellas. Sin embargo, los envolvía una negrura extrema, que hacía la visibilidad prácticamente nula. Se respiraba una paz propia de esas noches de insomnio en que uno tiene tiempo para disfrutar de sus memorias y recuerdos. En cubierta, Paco y Marta hacían la guardia observando en silencio la oscuridad que los rodeaba. Javier, sentado bajo el mástil a la luz de la cruceta, engrasaba con extremo cuidado las poleas. Marta llevaba rato observándolo. Javier introducía su trapo con atención en cada esquinita, en cada recoveco.

–¿Por qué las engrasas? –le preguntó por fin.

–Para que no se oxiden. Esta tarde he oído un ruidito sospechoso y, antes de que se queden agarrotadas, he pensado darles un poco de aceite. Además, ahora no tengo nada que hacer...

–Te felicito por tu iniciativa –le sonrió Marta–. Todo lo que esté hecho de antemano, nos evitará problemas después.

Paco, apoyado en la rueda, asintió con la cabeza. ¡Cuánta razón tenían! ¡Cuántos problemas habría eliminado de raíz a lo largo de su vida si se hubiese adelantado a ellos! Sumido en estas reflexiones, sintió una acuciante necesidad física y se dirigió al extremo de popa. Sin pensarlo dos veces, abrió el guardamancebos y pasó por delante de los candeleros. La negra noche le impedía ver mucho más allá de sus narices, pero con los pies notaba perfectamente el tacto y la solidez de la cubierta. No pensó que habría peligro. Pero la mar, hasta entonces calmada, le jugó una mala pasada. Un balanceo repentino le hizo perder el equilibrio, retroceder sobre sus pasos, pisar una escota y resbalar, lo que le hizo caer al agua. Marta y Javier, enfrascados cada uno en sus pensamientos, oyeron un suave chof al que no concedieron importancia, en un primer momento. Algún pez grande debía de haber saltado cerca de ellos. Afortunadamente, el fino oído de Marta percibió un grito que parecía de auxilio y que sonaba ya lejano.

–¿Qué ha sido eso? –exclamó. E, inmediatamente, mirando a su alrededor, añadió–: ¿Y Paco? ¿Dónde está Paco?

Ambos saltaron como impelidos por un resorte y, en dos segundos, comprobaron que Paco no estaba en cubierta. Javier gritaba ya a pleno pulmón:

–¡Hombre al agua! ¡Paco se ha caído!

La cubierta se convirtió inmediatamente en un ir y venir de gente apresurado. Cuando Enrique asomó en calzoncillos dando gritos de «¡Arriad la mayor! ¡Enrollad el génova!», ya Javier terminaba de amollar la escota. Y Marta, con igual rapidez, comenzaba a amollar la driza del génova. Rápidamente tuvieron lista la maniobra.

–¿Cuánto tiempo ha pasado desde que se cayó? –preguntó César acalorado.

–Desde que oímos su grito, exactamente un minuto y medio –respondió Javier, con la voz temblorosa por los nervios.

–Ya debe de estar muy lejos –observó Marta angustiada–. Navegábamos muy rápido, a siete nudos.

–¡Arrancad el motor!–ordenó Enrique–. ¡Tenemos que virar!

–Voy por las llaves –dijo Toni mientras bajaba corriendo al interior.

–¡Recuerda que están en el primer cajón de la mesa de cartas, en una cajita! –le gritó César.

–¿Alguien ha tomado el rumbo? –preguntó Enrique.

–Sí –respondió Marta–. Lo anoté enseguida. Llevábamos rumbo 276.

–Entonces hay que colocarse rumbo... –Enrique comenzó a calcular.

–Noventa y seis –respondió Marta sin dudarlo.

–Fabuloso. Si vuestros datos no fallan, lo encontraremos en un momento –respondió Enrique–. Sólo nos faltaría saber las coordenadas exactas en que ha caído.

–19º 13' de latitud y 38º 87′ de longitud –respondió César con diligencia.

Enrique lo miró sorprendido.

–En cuanto oí a Javier gritar, apreté el botón MOB del GPS. Marcó esas coordenadas exactas.

–Entonces no debemos asustarnos. Lo encontraremos –les

aseguró Enrique. Y, ante la angustia que vio reflejada en los ojos de los jóvenes, añadió con gesto grave–: Os lo prometo.

César había arrancado el motor sin problemas y Enrique comenzó la maniobra de virado. En cuanto emprendieron la línea recta, Toni se encaramó a pulso hasta la primera cruceta del mástil. En un suspiro estaba arriba, moviendo una potente linterna con una mano, de un lado a otro, vigorosamente. Con la otra, sostenía un curioso altavoz que, desde abajo, César y Javier tardaron en reconocer: era una botella de plástico a la que le había amputado la base. A fuertes gritos, la voz de Toni y el viento favorable trasladaban a buena distancia un reconfortante mensaje: «¡Paco, ya llegamos!». De vez en cuando, Toni se enfocaba a sí mismo con la linterna para que el náufrago pudiese divisarlo, ya que él era incapaz de verlo. En cubierta, Enrique controlaba que se deshiciese con exactitud la misma ruta navegada. Rumbo 96 y a siete nudos de velocidad, ocho minutos más tarde estaban llegando al punto exacto recogido en el GPS. Javier, César y Marta, armados de focos, se situaron a proa, babor y estribor para asegurarse de divisar cualquier señal. Enrique paró el motor y todos guardaron un silencio sepulcral. Cualquier mínimo sonido podía advertirles de la presencia de Paco. Pero, en contra de toda esperanza, nadie veía ni oía nada. Tras interminables minutos en los que la angustia crecía y se apoderaba de cada uno de los corazones, la tripulación se reunió de nuevo alrededor del timón. César dijo en voz alta lo que cada uno de ellos temía:

–Quizás nos hayamos equivocado en los cálculos y no hayamos deshecho la ruta exacta.

–¡Tenemos que encontrarlo, maldita sea! –protestó Javier con rabia–. Yo miré el reloj en cuanto lo oímos. Y comprobé la velocidad. No podemos habernos equivocado.

–Ha pasado ya mucho tiempo. Puede que estemos equivocados. Una ligera desviación en estos casos puede ser fatal –dijo

Marta, con lágrimas en los ojos.

–Tranquilizaos, chicos, lo vamos a encontrar –dijo Enrique.

–Pero Paco estará aterrorizado y cansado –gimió Javier.

–No –respondió Enrique–. Lo conozco desde que éramos adolescentes y sé que procurará mantener la calma. Es un deportista, un hombre experimentado. Resistirá. No tengáis miedo por eso.

En ese momento, Toni, desde la cruceta, gritó emocionado:

–¡Mirad allí! ¡Una luz! ¡Es él!

Efectivamente, balanceándose de un lado a otro en señal de socorro, podía distinguirse con claridad una pequeña luz amarilla que no podía ser otra cosa que la linterna química del náufrago.

–¡Rápido! Hay que dirigirse hacia allí –ordenó Enrique.

Apenas unos pies de distancia los separaban del punto donde se divisaba la luz. La maniobra de acercamiento resultó fácil y rápida. Con sus potentes focos, César y Javier iluminaban el lugar exacto de donde provenía la luz y, en escasos minutos, se encontraron junto al náufrago, que flotaba tranquilamente boca arriba, sosteniendo la luz amarilla con la mano derecha. No estaba precisamente fuera de sí ni atacado de los nervios. Tal como había predicho Enrique, los muchos años de experiencia deportiva le habían servido para mantenerse bajo control y no perder la tranquilidad. Ni el buen humor. Tras parar el motor del *Mojito*, Paco se acercó a nado hasta popa y, mientras ascendía por la escalera que le pusieron, les recriminó riendo:

–¡Ya pensaba que me ibais a dejar aquí toda la noche!

En cuanto pisó firmemente la cubierta, Marta y Toni se abalanzaron sobre él. La primera, para abrazarlo. El segundo, para volverlo a tirar al agua.

–¡Después de lo que hemos sufrido para rescatarte, así nos lo agradeces! –rió Toni.

–Por cierto, ¿eras tú el que movía los brazos como un molino encima de la cruceta diciendo con voz de ultratumba: «Paaaacoooooo»...? Me recordabas mucho a Drácula. Ya empezaba a dudar de si el que venía a rescatarme era el *Mojito* o un barco fantasma.

Todos rieron la ocurrencia.

–¡Muy gracioso! Se me ocurrió que, subido en el mástil, me verías y oirías mejor. Lo hice para tranquilizarte –explicó Toni

–Hiciste bien, hombre. Gracias a ti he aguantado con tan buen humor todo este rato en remojo.

–¡Venga ya! Creo que nosotros estábamos bastante más preocupados que tú –dijo Javier.

Mientras se sacaba la camiseta empapada y se sentaba sobre un cofre, Paco se aprestó a reconocer:

–No, en serio. Al principio, me asusté mucho; temía que no me hubieseis oído caer y que, para cuando os dieseis cuenta de que no estaba, fuera ya demasiado tarde. Pero en cuanto vi que el barco daba la vuelta a los pocos minutos, supe que podía confiar plenamente en vosotros. Que me encontraríais así tuvieseis que peinar el océano entero. Además, tras un primer momento de confusión, sin saber qué hacer, recordé que llevaba la luz química en el bolsillo. Gracias a Enrique, que siempre nos da la paliza con este tema.

–Sí pero no llevabas el brazalete, ni el silbido... y ya sabes que son obligatorios de noche –le recriminó Enrique.

–Nadie es perfecto –rió Paco–. Por cierto, el envoltorio de la luz química cuesta un montón de quitar. Tuve que sacarlo con los dientes. Lo bueno es que, si se te escapa de las manos, como es de plástico, flota. Lo digo para que lo sepáis, por si os caéis.

–¡Nooooo! ¡Con un náufrago en esta travesía ya tenemos bastante! –exclamó Enrique.

–Pues entonces, tomad nota de otra cosa: cuando tengáis pis de noche, cuidado con salir a cubierta con mar de fondo, que os podéis mojar.

–¡Ah, conque ése fue el motivo de que te cayeras! –rió César.

–¿Veis? Estas cosas a mí no me pasan –dijo Marta–. Ventajas de ser mujer.

Toni regresó en ese momento de la cocina con una infusión caliente y una toalla para envolver al héroe de la noche. Todos se quedaron en la bañera disfrutando de la felicidad de haber recuperado a su amigo. Al cabo de unos momentos de silencio, Enrique dijo:

–Chicos, sois la mejor tripulación que uno pueda desear tener a su cargo. Lo habéis hecho fenomenal. Me siento muy orgulloso de vosotros.

–No es para tanto –dijo Marta–. Había que salvar a Paco. Era lo mínimo que podíamos hacer.

–No es verdad. Todos habéis demostrado una iniciativa y una creatividad que prueban que formáis un equipo formidable. No solamente cuando Paco ha caído al agua, sino también con anterioridad. No hizo falta que nadie os dijera que teníais que ser previsores y adelantaros al problema; eso es iniciativa.

–¿Qué quieres decir? –inquirió Paco extrañado.

–Pues que navegamos junto a una tripulación de proactivos. Ni más ni menos.

–¡¿Una tripulación de qué?! –se extrañó Toni.

–De gente que se adelanta a los acontecimientos, gente con iniciativa... Ser proactivo es exactamente lo opuesto a ser reactivo. El primero se adelanta a los problemas. El segundo, reacciona después de que pasen. Nuestros chicos han previsto muchas cosas que nos han permitido salvarte con rapidez y eficacia.

–¡Vaya por Dios! ¡Ahora resulta que soy proactivo y yo sin saberlo! –rió César–. ¿Sabéis que antes costaba mucho recoger el génova? Pues hoy Marta ha cazado el cabo y lo ha enrollado...

–Sin ningún problema, es cierto. Y es porque estuviste limando el tambor esta mañana. –continuó Marta.

–Simplemente rozaba con el extremo de un candelero –explicó César–. ¿Y recordáis que siempre que necesitábamos encender el motor nunca encontrábamos las llaves?

–Pues hoy las he encontrado enseguida gracias a que las pusiste en una cajita de la mesa de cartas –dijo Toni.

–Y tú, Toni, además de proactivo, eres creativo –dijo Enrique–. El proactivo es el que tiene iniciativa, el que en todo momento se muestra predispuesto a iniciar algo. Pero el creativo es el que, además, aporta ideas nuevas. ¿Cómo se te ocurrió la idea del altavoz? ¡¿Y cómo diablos lo fabricaste tan rápido?!

–Uno, que es un manitas –rió Toni–. Pensé que era importante que Paco supiese que estábamos ahí, para que se tranquilizase.

–¡Pues bravo por tu iniciativa¡ Y bravo también por vuestras rápidas reacciones, Javier, César y Marta. Sin ellas, habría sido muy difícil encontrar a Paco. Os felicito por la iniciativa de anotar inmediatamente hora, velocidad, rumbo y coordenadas. Y por amollar con tantísima rapidez, sin que nadie os lo dijese, génova y mayor. Nunca os había visto trabajar con tanta eficacia.

–Precisamente unas horas antes había comprobado que en las drizas no se hubiesen formado nudos –explicó Marta–. Por eso pudimos amollar las velas con tanta facilidad.

–Sois unos proactivos natos: no esperáis que os digan lo que tenéis que hacer –dijo Enrique–. ¿Os imagináis cuántas de las cosas que emprendemos irían mejor si hubiese gente con iniciativa y creatividad a nuestro alrededor? ¿Conocéis a mucha gente con estas cualidades?

–¿Qué crees que se puede hacer para tenerlas? –preguntó Javier.

–El primer paso es ser consciente de ello –dijo Marta.

–Yo os aseguro que me acordaré toda la vida –afirmó César–. ¿Cómo vamos a olvidar esta aventura?

–Por lo menos, mi naufragio servirá para algo –rió Paco–. Yo también os felicito por vuestra profesionalidad.

–Algo que no puede decirse precisamente de ti –recriminó Enrique con sorna–. ¿Cómo no previste que te caerías al agua con esta mar de fondo?

–Acepto el reproche. Ya he dicho que tendré más cuidado a la hora de hacer mis necesidades. Por cierto, no he escuchado a nadie decir que hayas sido proactivo, creativo o lo que sea durante mi naufragio... –se vengó Paco–. Si no hubiese sido por los chicos...

–¡Ah, amigo, gajes de hacerse mayor! –rió Enrique–. Cuando salí de la cabina a tomar el mando, nuestros jóvenes tripulantes ya tenían la situación bajo control.

–No es cierto –intervino Marta–. Todos estábamos muy nerviosos. Y tú nos transmitiste confianza y seguridad. Eso es muy valioso. Además, tomaste el timón, viraste el barco y deshiciste a la perfección nuestra ruta.

–Ah, y lancé aros al agua para que Paco pudiese asirse a alguno de ellos si estaba cerca y no lo veíamos. Por cierto, hay que recogerlos.

–¡Buena iniciativa, sí señor! –rió Paco levantándose–. Bien, chicos, ¿retomamos el rumbo o nos quedamos aquí toda la noche?

–¡Izad la mayor! ¡Izad el génova! ¡Volvamos a rumbo! –gritaron Javier, César y Toni al unísono comenzando a dar saltos por la cubierta.

Conclusiones del día
Sé proactivo. Adelántate a los problemas.
Ten iniciativa, actúa antes de que te lo digan.
No esperes a que tu futuro venga. Créalo.

JORNADA UNDÉCIMA

Longitud 044º 50' 00" W
Latitud 20º 00' 46" N

OLOR A PODRIDO

Undécima jornada de navegación. Psicológicamente, haber sobrepasado el ecuador del viaje había surtido un efecto inmediato sobre el ánimo de la tripulación. Cuba se sentía cerca y, a bordo del *Mojito*, se respiraba una mezcla de satisfacción y vértigo; satisfacción por todo lo aprendido y vivido, y vértigo por todo lo que quedaba por vivir. Cada uno imaginaba la llegada de diferente manera, pero todos estaban seguros de que ese momento marcaría un hito en sus vidas.

El día transcurrió tranquilo hasta que, a media mañana, tras descansar de su guardia nocturna, Javier asomó desde su camarote anunciando que se sentía enfermo. Le aquejaban unos fuertes dolores de estómago a los que, en un principio, Marta no otorgó demasiada importancia. Simplemente le hizo beber un poco de sal de frutas y le prescribió ayuno absoluto.

–Habrás comido demasiadas chucherías –bromeó la enfermera.

–Sí, será por las muchas que hay a bordo –protestó Javier.

A mediodía, Marta se acercó a husmear en la cocina en busca de alguna pista sobre lo que iban a almorzar. Estaba desierta. Ni un perol en los fogones ni un cocinero a la vista. Así pues, abrió la nevera para averiguar si el manjar se escondía en su interior.

En cuanto movió la puerta corredera, un nauseabundo olor la apartó del aparato. Inmediatamente, cerró la puerta y se quedó parada sin saber qué hacer. Volvió a abrir el portón, se cercioró de que lo que emanaba del interior no era nada bueno y lo cerró de nuevo. Sólo entonces se le ocurrió mirar el piloto de funcionamiento de la nevera: estaba apagado. Abrió otra vez la puerta, tapándose la nariz con los dedos, metió la otra mano dentro y comprobó que, efectivamente, el cubículo se asemejaba más a un horno que a un refrigerador. Salió corriendo al exterior, donde Toni tomaba el sol tranquilamente.

–Toni, me parece que la nevera está estropeada –le dijo plantándose frente a él.

–¡No fastidies! –respondió Toni quitándose las gafas de sol mientras se incorporaba.

–Sí fastidio. Y a juzgar por los aromas que desprende y que casi me matan, diría que todo su interior está podrido.

Tras escuchar la explícita descripción, Toni bajó disparado a la cocina, abrió el refrigerador y, tras volverlo a cerrar rápidamente, exclamó:

–¡Ay, Dios!

–Pero, ¿cuánto tiempo llevará sin funcionar?

–Ni idea. Hace días que no lo abro. Hemos estado comiendo conservas, pasta, jamón... No he necesitado nada de dentro. Pero recuerdo que hace tres días cambié la bombilla, que estaba fundida, y creo que entonces funcionaba bien.

–¡¿Crees?! –se enfadó Marta.

–No lo comprobé. Di por sentado que funcionaba.

–Pues quizás deberías haberlo controlado mejor –le reprochó Marta.

En ese momento, Enrique asomaba desde el camarote de proa.

–¿Qué sucede, chicos?

Toni no tuvo más remedio que explicarle lo ocurrido:

–Parece que la nevera no funciona... y que los alimentos se han estropeado.

–¡¿Cómo?! ¡¿Todos?!

–Por el olor, diría que bastantes. Pero tengo que comprobarlo.

–Por el amor de Dios, Toni. Pero ¿cómo no te has dado cuenta antes?

–Llevaba días sin abrirla. No pensé que se fuese a averiar.

–Tú eres el responsable de la cocina –le espetó Enrique–, aunque parece ser que no te has ocupado mucho de ella.

Toni encajó mal la crítica:

–Algo bueno habré hecho, digo yo.

–Sí pero la nevera es esencial –prosiguió Enrique–. ¿Qué diablos vamos a comer el resto del viaje? ¿Jamón?

–Bueno. Antes de seguir hablando, voy a comprobar qué es lo que hemos perdido.

Marta desapareció hacia su camarote y volvió con un par de mascarillas:

–Las traía en mi botiquín, por si acaso. Creo que nos serán útiles.

–Gracias por ayudarme –dijo Toni.

–Ya puedes dármelas... En realidad, deberías apañártelas tú solito.

Conforme extraían piezas de la nevera, las peores predicciones se hacían realidad. No solamente encontraron alimentos estropeados por la falta de frío, sino también restos inmundos de frutas y tomates que debían de llevar días en estado de putrefacción. Y unos cuantos yogures caducados, que deberían haber sido consumidos durante los primeros días de navegación.

Mientras Toni metía toda la basura orgánica en una bolsa para vaciarla en el mar, Marta entró en el camarote de Javier:

–Javi, ¿duermes?

Javier se giró hacia la puerta.

–No. No puedo. Me encuentro fatal. Creo que tengo fiebre. Todo me da vueltas.

–Una pregunta: ¿comiste algo de la nevera ayer?

–No me acuerdo. ¿Por qué?

–Se han estropeado muchos alimentos y puede que sufras una intoxicación.

–¡Se habría dado cuenta, Marta! –gritó Toni desde la nevera–. ¡Esto huele que apesta!

–Pero quizás ayer no oliese tan mal. Y puede que Javier picase algo en mal estado. ¡Intenta hacer memoria!

–¡No me acuerdo, Marta! ¡Yo siempre estoy picando!

–Dios mío –rogó para sí la enfermera–. Voy a tomarte la fiebre y la presión.

Y, dirigiéndose hacia su camarote, le lanzó un reproche a Toni:

–¡Cómo le pase algo por tu culpa, vas listo!

Minutos más tarde, toda la tripulación estaba al corriente de la presunta intoxicación de Javier. Y de la presunta culpabilidad de Toni.

–Te has lucido, chaval –le dijo Paco–. ¿Qué pretendes? ¿Envenenarnos a todos?

Ése fue el comentario que más le dolió. El resto del día transcurrió entre cuidados para Javier –cuyo estado no mejoraba a pesar de todo– y reproches para Toni. Éste dejó el maldito refrigerador como una patena, se libró de los desechos, limpió y desinfectó toda la cocina, ventiló el interior para eliminar el olor pestilente que había quedado impregnado por todos los rincones y se esforzó en preparar una comida deliciosa compuesta de ensalada de pasta y atún desecado al sol. Sin embargo, durante toda la jornada, la actitud de sus compañeros hacia él no varió.

–Debemos ahorrar proteínas –dijo César durante la comida–. No podemos comernos lo poco que tenemos en unos días. Nos hemos quedado sin apenas reservas.

–Siempre podemos pescar algo –observó Toni.

–Y si no, ¿qué? ¿Qué comeremos? ¿Pasta hervida hasta llegar a Cuba? –le reprochó Enrique.

Toni enrojeció. Todas las miradas estaban puestas en él. Pero aún se atrevió a decir:

–Lo siento, de verdad. De todas maneras, cuando me he esforzado en la cocina y os he preparado mis mejores platos, no me habéis felicitado con tanto ahínco.

–¡No, si encima tendremos que agradecerle que no nos haya envenenado antes! –rió Marta.

En ese momento, un grito de Javier los levantó a todos de la mesa. Marta entró corriendo en el camarote. Los demás observaban desde la puerta.

–Me duele mucho, no puedo más –gemía revolcándose en la cama.

–Cálmate –le dijo Marta–. Te voy a dar un antitérmico. También te aliviará el dolor.

–Podría ser apendicitis –comentó Toni en voz baja junto a la puerta del camarote.

–¡O que tú lo has envenenado! –le dijo Cesar.

Toni lo agarró con fuerza por el brazo y lo obligó a seguirle hasta la mesa.

–¡Oídme! ¡Ya estoy harto de vuestros comentarios! A lo mejor Javier no tiene ninguna intoxicación y vosotros os empeñáis en cargarme todas las culpas a mí. Ahora resulta que soy un desastre, que no hago nada bien... ¿Pero de qué vais? Un poco más de respeto, por favor. Vosotros podéis meter la pata en cualquier momento tan hasta el fondo como lo he hecho yo.

A César le extrañó la reacción de su pacífico amigo. Quizás sí que se habían pasado con él.

–Vale, vale –le dijo–. No te pongas así. Yo ya me callo.

El resto de la tarde transcurrió en un ir y venir constante de

Marta, Enrique y César entre el camarote de Javier y el comedor. Toni y Paco hacían la guardia. La preocupación crecía minuto a minuto.

–¡Como tenga razón Toni y sea una apendicitis, sí que la hemos hecho buena! –comentó Enrique–. ¡Mira que os avisé a todos de que os operaseis antes de salir!

–¡Sí, hombre! –exclamó Marta–. A eso lo llamo yo una solución drástica. ¡Según tú deberíamos extirpar el apéndice a toda la población mundial!

–No haría falta. Probablemente sólo un porcentaje mínimo de la población mundial se encuentre en algún momento de sus vidas en una situación como la nuestra: en medio del océano y sin posibilidad de ser auxiliado de ningún modo desde tierra. ¡Tú sabes que una apendicitis puede matarte!

–Vale, por favor –rogó César–. No seamos agoreros. Tampoco hay que pensar en lo peor.

–Por el momento, no tiene fiebre alta, lo cual indica que no hay una infección –dijo Marta–. Eso me tranquiliza. Pero, en caso de emergencia, no sé qué podríamos hacer.

–Avisar por radio –dijo Enrique–. Pero no serviría de gran cosa.

A última hora de la tarde, con el cambio de guardia, Paco y Toni entraron en el camarote de Javier para echar un vistazo. Lo encontraron tratando de levantarse.

–¡Ayudadme! ¡Rápido! ¡Tengo que ir al baño!

Los tres atravesaron el comedor como un rayo y, una vez Javier en el baño, pudieron escuchar desde fuera, con precisión, los escandalosos movimientos intestinales del enfermo.

–Me parece que el problema está en vías de resolverse –comentó Toni.

Esperaron expectantes hasta que el rostro sudoroso y blanco de Javier apareció en la puerta. Apoyándose en las paredes, se dirigió hacia la mesa y se desplomó en un cofre. Toni y Paco lo miraban.

–¡Qué alivio! –exclamó al fin Javier–. Pensé que me moría.

–¿Te encuentras ya mejor?

–Mucho mejor. Creo que ha sido un parón intestinal. Ya me sucedió una vez.

–¿Y por qué no lo decías? ¡Pensábamos que estabas intoxicado o que tenías apendicitis! ¡Estábamos asustados! –exclamó Paco.

–No dije nada porque no lo sabía. No reconocí los síntomas. Me dolían un montón el estómago y la barriga. Me daban pinchazos pero no lo relacioné con que hacía días que no iba al baño. Hasta que, de repente, he sentido una urgencia tremenda y... ¡Lo he pasado fatal!

–Pues menos mal que sólo ha sido eso. Yo también lo he pasado fatal –dijo Toni–. Un poco más y éstos me echan por la borda creyendo que te había intoxicado.

–¡No será para tanto! –rió Javier.

–¡¿Qué no?! –se quejó Toni–. Me han linchado psicológicamente, me han acusado de todos los males históricos de la humanidad y me han hecho sentir como un trapo sucio.

–¡Hala! –exclamó Paco–. ¡Qué exagerado! Quizás nos hayamos pasado un poco pero nada más. No te lo tomes así. Lo de la nevera ha estado mal por tu parte, has sido descuidado y despreocupado. ¿No querrás que te demos un premio, no?

–Me he sentido como esos niños a los que su padre castiga todo el tiempo diciéndoles que son unos inútiles, mientras que al hermanito pequeño lo premian y lo miman porque resulta ser el genio de la casa. En este caso, Javier.

–¡Eh! –protestó Javier–. ¡A mí no me eches la culpa, que yo me he pasado todo el día encerrado en el camarote rabiando y no me he enterado de vuestras movidas!

–Bueno, mientras decidís de quién es la culpa –dijo Paco–, voy a informar a los demás de que te encuentras mucho mejor.

Toni y Javier se quedaron en silencio en el comedor, cada

uno recuperándose de sus heridas. Al cabo de un rato, Javier comentó:

–Hay que ser valiente para encajar las críticas. Cuando se hace algo mal, hay que aceptar que te lo digan.

–Lo acepto. Pero también quiero que me reconozcan lo que he hecho bien.

–Y lo reconocemos –dijo la voz de Marta a sus espaldas.

Toni se giró y vio que sus compañeros estaban bajando al interior.

–Sentimos haber sido tan duros contigo –dijo Enrique en cuanto se plantaron frente a la mesa–. Las críticas te ayudan a rectificar, a aprender. Pero el reconocimiento positivo de tus éxitos te ayuda a crecer.

–Sólo hemos visto las cosas malas, como pasa a menudo en la vida, tío –dijo César–. Las buenas las vemos cuando ya las hemos perdido; hay que ser inteligentes y saber ver también lo bueno. En tu caso, eres un excelente cocinero. Nos has alimentado estupendamente durante toda la travesía. Y eso es lo que queremos reconocerte.

–Tampoco os paséis ahora –respondió Toni–, que yo de cocinar no tenía ni puñetera idea hasta que empezamos a preparar el viaje.

–Pero te has esforzado y has dado lo mejor de ti mismo –dijo Javier–. Y eso es lo que cuenta.

–Y no hay que olvidar que de los errores, se aprende –señaló Marta–. Eso es lo positivo de cometerlos: puedes evitar volver a caer en ellos.

–Bueno, gracias –dijo Toni–. Me hacéis sentir mejor. Mi autoestima ha subido unos puntos. ¡Me la habíais dejado por los suelos!

–¡Qué melodramático eres! –rió César.

–No. Hablo en serio. La sinceridad ante todo, pero para lo bueno y para lo malo.

–Piensa que es mucho peor ser ignorado –dijo Paco–. Que te digan lo que haces bien o lo que haces mal, para mejorarlo, pero que te digan algo. Si no, es que no importas, pasas desapercibido... y eso es peor.

–Ten en cuenta que, si te criticamos, es porque nos importas –dijo Enrique–. Rectificar ya es cosa tuya. Con los errores se aprende; con los éxitos se crece.

–Y la gente que se siente satisfecha de sí misma produce buenos resultados –ratificó Paco–. Por el contrario, la gente que es ignorada se convierte normalmente en gente negativa, gris, que necesita reclamar a toda costa la atención de los demás. Como esos niños cuyos padres no están nunca en casa y no tienen tiempo para ellos. Hacen gamberradas aposta para que los riñan y, de ese modo, sentir que existen. ¿No conocéis ningún caso?

–¡Uf, yo más de uno! –respondió Marta–. Y todo eso queda grabado en la mente para siempre: los reconocimientos positivos, los negativos y los no–reconocimientos. Si no das atención a la gente, es que la ignoras.

–Entonces –intervino Paco–, sería bueno hacer que la gente se sienta mejor diciéndoles lo que hacen bien y lo que hacen mal, ayudándoles a rectificar. Todos somos capaces de hacerlo mejor la próxima vez.

–Cuando te reprendan, piensa también que el error es positivo, porque aprendes de él –dijo Enrique, dirigiéndose a Toni–. Si no aprendes y vuelves a cometer el mismo error, entonces es un error negativo.

–Bueno, yo he aprendido que el piloto de la nevera sirve para algo, que hay que mirarlo de vez en cuando y que, si está apagado, significa que algo pasa –bromeó Toni–. No, en serio. He aprendido que debo dedicar más atención a mi trabajo y no descuidar los detalles que parecen obvios. Y ahora, aclarados los malentendidos, excesos y demás, propongo que celebremos la recuperación prodigiosa de Javi y la nueva etapa de nuestro frigorífico vacío con una suculenta cena a base de sopa de sobre y latas de atún.

La propuesta gastronómica fue todo un éxito, puesto que todos los comensales rebañaron su correspondiente lata de atún con los panecillos tostados que guardaban en la despensa, cosa que no dejaba de tener su mérito. Todos menos Javier, cuyo estómago decidió seguir en huelga de hambre hasta el día siguiente. Por si las moscas.

JORNADA DUODÉCIMA

Longitud 050º 10' 00" W
Latitud 20º 50' 06" N

EXTRAÑOS COMPAÑEROS DE VIAJE

Paco y César estaban a punto de ceder el relevo de una de las guardias más tranquilas de toda la travesía. Mar de grandes olas largas, viento suave y constante de quince nudos, velocidad de siete y clima cálido, pero agradable. Con mayor y génova izadas, el *Mojito* se movía armoniosamente al compás que le marcaba el mar y que invitaba a dejar pasar plácidamente las horas. Todo estaba en orden. Todo, excepto una enigmática luz que divisaban desde hacía más de una hora a proa, a bastante distancia, en la misma dirección que el *Mojito*. Se lo advirtió Paco a Javier y Enrique en el cambio de guardia.

–Podría ser un barco. Pero con los prismáticos no hemos conseguido ver nada. Está demasiado lejos.

Efectivamente, Enrique no logró distinguir más que un resplandor pequeñito, discreto. Era cuestión de esperar. A medianoche, con las luces de situación ya encendidas, Javier volvió a vigilar la luz. Se acercaban cada vez más a ella y, a pesar de la oscuridad, ya podía distinguirse que se trataba de una embarcación de pequeñas dimensiones, de apenas 30 pies de eslora. Se aceptaban apuestas. A las dos de la madrugada, el *Mojito* estaba a cerca de media milla de la embarcación, que navegaba a mucha menor velocidad, quizás a cuatro nudos. Marta y Toni estaban ya en cubierta para hacerse cargo de la siguiente guardia pero Enrique y Javier renunciaron a irse. No hasta que no saludasen a sus compañeros de travesía.

–¡Qué emocionante! –comentó Marta–. Van a ser las primeras personas que veamos en doce días de viaje.

A las tres, el *Mojito* ya estaba a 15 metros de la popa del pequeño velero. Paco y César habían subido de nuevo a la bañera. Desde hacía rato, intentaban divisar a alguien en la cubierta, pero parecía desierta. Con una potente linterna, Javier comenzó a realizar señales y a gritar saludos. Ante la ausencia de respuesta, César y Toni se unieron al griterío:

–¡Hola! ¡Hola! ¿Hay alguien? *Hello*!

Silencio sepulcral. De repente, el pequeño velero realizó un giro inesperado, y cambió su rumbo hacia el norte. Enrique, sorprendido, lo siguió, tratando de colocarse de nuevo en paralelo. César, Javier y Toni continuaban profiriendo gritos amigables. Pero el velero realizó un nuevo giro. Enrique no sabía qué hacer, pero dada la ilusión reinante a bordo por conocer a sus compañeros de aventura, decidió seguirlos. Al tercer cambio de rumbo, comentó:

–No entiendo nada.

–¿Será una tripulación de sordos y ciegos? –dijo Javier.

–Insistamos –respondió César.

Enrique viró de nuevo el rumbo. Y Javier continuó gritando. Finalmente, dos cabezas asomaron tímidamente en la bañera del velero. Era una pareja joven que los saludó apresuradamente, sin efusividad.

–¡Hola! –gritó César–. ¿Necesitáis algo?

–No –respondió escuetamente, con acento extranjero, el muchacho.

–¿Estáis bien? –insistió César.

–*Bye, bye* –se limitó a contestar su interlocutor.

César miró inquieto a Javier y Toni.

–Deben de ser alemanes o ingleses –comentó Toni–. No se ve bien la bandera.

–*Where are you from*? –gritó aún César.

–*Bye, bye* –repitió el muchacho, dejando claro que no le interesaba lo más mínimo entablar conversación con ellos.

César tomó entonces la radio e intentó ponerse en contacto con ellos mediante el canal 16, pero no obtuvo respuesta. Al contrario, en ese momento y por sorpresa, el velero realizó un nuevo giro hacia el norte.

–Dejémosles en paz –dijo Enrique, renunciando–. Está claro que no quieren saber nada de nosotros.

–¡Menudos estúpidos!–comentó Javier–. ¡Qué antipáticos!

–Bueno, calma –dijo Marta–. No te pongas así.

–¡Pero vaya bordes! –se enojó Toni–. ¡Con la ilusión que teníamos de ver a alguien!

–Marta, reconocerás que se han pasado un poco, ¿no? –dijo César–. ¡No es normal!

–Bueno, habría que ponerse en su piel –respondió Marta.

–¡¿Cómo?!

– No deberíamos juzgarlos; seguro que deben de tener un motivo para actuar así, que nosotros desconocemos.

–No entiendo por qué los disculpas... –dijo César–. Yo creo que son unos bordes y punto. No hay más.

–Sí hay más. Siempre hay más –respondió Marta.

Enrique y Paco, víctimas del cansancio de la noche, descendieron al interior olvidando ipso facto el episodio del velero.

–Ya nos toparemos con otro –dijo Paco–. Buenas noches a todos.

César y Javier decidieron quedarse un rato en cubierta, acompañando a Marta y Toni en su guardia. Sentada en un cofre, Marta dijo:

–Me gustaría contaros algo que me pasó. Ya sabéis que en mi

vida he hecho casi de todo. Durante un año fui profesora en un instituto de Málaga. Impartía una de esas asignaturas a las que llaman «marías». Enseñaba primeros auxilios, nutrición y salud en general. Mis alumnos tenían entre 14 y 16 años, una edad nada fácil. Recuerdo que, en la primera evaluación, dos meses después de comenzar las clases, uno de los tutores habló de un alumno que yo no tenía en mis clases, pero en el que me había fijado en las horas de recreo por su manera de aislarse, diría que voluntariamente. En alguna ocasión, lo había visto pelearse con sus amigos y retirarse a algún lugar tranquilo del patio a esperar que sonase el timbre de vuelta a clase.

»El tutor se quejaba de su nulo rendimiento, de que se dormía en clase, de su falta de interés, de su actitud perezosa. Le había advertido por activa y por pasiva, pero el alumno no parecía reaccionar. Es más, reconocía que el profesor tenía razón, pero seguía igual. El tutor se quejaba de él y proponía tomar medidas, ya que lo consideraba un mal ejemplo para el resto de los alumnos. En la segunda evaluación, el mismo tutor informó de que el alumno había empeorado, faltaba a clase en ocasiones y a menudo llegaba tarde. Propuso la expulsión. Y el resto del profesorado parecía estar de acuerdo. Yo les pregunté si habían hablado con él. El profesor me respondió que sí pero que él «seguía en lo suyo». Insistí en si le había preguntado el por qué de su actitud y, ante el silencio general, les pedí unos días.

Lo trasladaron a mi grupo de alumnos y me las ingenié para conseguir que faltara a otras clases durante unas horas para ayudarme a preparar unas diapositivas. Hablé con él y, al día siguiente, me presenté en la junta y expliqué que, desgraciadamente, ese niño no iba a cambiar su actitud. Los profesores me miraron extrañados. «Podéis expulsarle –les dije–. Pero antes escuchad por qué este niño se duerme en clase, no hace los trabajos y llega tarde. Su padre murió hace seis meses en un accidente, un mes y medio antes de empezar el curso. Era camionero. Y su madre está en tratamiento de quimioterapia por un cáncer y prácticamente no puede hacer nada en casa. Tiene dos hermanos de siete y tres años, a los que acompaña cada día al colegio y a la guardería antes de venir al instituto. Cuando sale de aquí va a buscarlos y, muchas veces, se acerca al hospital, donde a menudo su madre está ingresada. En el tiempo que le queda, asiste a nuestras clases.» Me callé a propósito tras decir esto y, tal como esperaba, el tutor del niño tomó la palabra: «Creo que, oído esto, la opción que nos queda no es expulsarlo, sino tratar de ayudarlo».

–¡Vaya historia más triste! –dijo Toni.

–Tan triste como real. Hay muchas como ésta. Pero el chico salió adelante, en parte gracias a la ayuda que recibió del colegio. He mantenido el contacto con él y sé que ahora está en la universidad. Aparentemente, era un caso perdido pero en realidad, era una especie de pequeño héroe, que estuvo a punto de perder la última oportunidad de su vida porque los demás lo estaban juzgando sin tomarse la molestia de ponerse en su situación.

–Lo que quieres decirnos con esa historia es que la mala uva de la gente de ese barco puede que esté justificada –dijo César.

–Exactamente. Y no podemos prejuzgar su actitud sin conocer los motivos. A lo mejor los han asaltado hace pocos días y desconfían. O igual tienen la hepatitis y no quieren contagiárnosla. ¿Quién sabe?

Javier miró hacia atrás y advirtió que la luz del pequeño velero era todavía visible a unas tres millas de distancia. Se levantó como impulsado por un resorte, se asomó al extremo de popa y, haciendo bocina con las dos manos, gritó a pleno pulmón: ¡Gracias!

–A ti no hay quien te entienda –rió Marta–. Después de haberlos llamado estúpidos y antipáticos, ahora les das las gracias... Aunque no creo que te hayan oído.

–Sí, ya lo sé pero así me siento mejor conmigo mismo –sonrió Javier.

–¿Os dais cuenta de que la realidad es subjetiva? –dijo Marta–. No existe la razón universal. Lo siento por los que siempre pretenden tenerla.

–Ay, yo conozco a unos cuantos de ésos –rió Toni–. De los que no aceptan que alguien tenga una visión diferente de la suya.

–Y que no ven más allá de sus narices –asintió César–. Sólo ven lo que quieren ver.

–Pero eso no significa que vean bien –añadió Marta–, porque hay muchas cosas que no ven. La realidad es sólo su realidad y son incapaces de reconocer otras realidades. Cada persona es completamente diferente de las demás, porque ha crecido en una familia distinta, ha sido educada de manera diferente y ha vivido experiencias distintas. Por lo tanto, nadie reacciona igual ante una misma situación.

–Lo malo es poner etiquetas y pensar que todo el mundo ha de ver las cosas del mismo modo –dijo César.

–Tienes toda la razón; hay que intentar ponerse en el lugar de los otros para entender cómo ven las cosas –dijo Marta–. Lo más peligroso es interpretar las actitudes, las palabras, el tono de voz e incluso las miradas de los demás... sin conocerlos lo suficiente.

–Si no me equivoco, creo que a eso se le llama *empatía* –dijo Toni–. A saber ponerse en el lugar de los otros, me refiero.

–Sí, ésa es la palabreja –respondió Marta–. Pero en realidad se trata de algo muy simple: nada es blanco ni negro, todo depende del color del cristal con que se mire. El problema está en nosotros, en nuestros prejuicios.

–Mmmmm.... –se desperezó Toni–. ¡Cuántas cosas estoy aprendiendo en esta travesía!

–¡Y no querías venir! –rió Javier.

– ¡¿Yo?! ¡De eso no me acuerdo! ¿No sería un prejuicio vuestro?

Ya a solas, Toni y Marta no pudieron evitar mirar hacia atrás y sentir nostalgia de lo que habían llegado a imaginar: alegría compartida, presentaciones, abrazos y un relato pormenorizado de las peripecias de cada uno. Nada de ello había sucedido.

–Creo que la soledad empieza a hacer mella en nosotros –dijo Marta.

–Llevamos doce días en alta mar –respondió Toni–. Es normal. ¡No sabes cuánto añoro tierra firme!

–No te preocupes – rió Marta–. Te aseguro que después añorarás tus largos y monótonos días en el mar.

–¡Cualquier tiempo pasado fue mejor!

JORNADA DECIMOTERCERA

Longitud 055º 25' 66" W
Latitud 21º 50' 29" N

MENSAJE DE ALARMA

Mediodía espléndido y diáfano. Sin novedad a bordo. Con esta frase podría resumirse el ánimo, un tanto tedioso, de la decimotercera jornada de navegación. Toni y Marta tomaban el sol sobre la cubierta de proa. Paco hacía la guardia en la bañera. César observaba la elegante estela que el velero dejaba sobre el océano, asomado por la borda. Enrique limpiaba y ordenaba su caja de herramientas y Javier, sentado en un cofre, lápiz en boca, trataba de hilvanar algo con sentido para su diario. Sólo el choque de las velas entre ellas, acunadas por el viento, interrumpía de vez en cuando el equilibrado silencio de a bordo, que la tripulación reconquistaba de nuevo sin esfuerzo. Así, el día prometía transcurrir en el más tranquilo de los letargos.

Sin embargo, en el justo momento en que Toni se incorporaba y recogía su toalla para dirigirse a preparar el almuerzo, la radio comenzó a emitir un alarmante mensaje, claro y alto por el canal 16: «*Securité, securité, securité! All ships, all ships, all ships!*». Toni se quedó clavado de pie con la toalla en la mano. Marta se incorporó. Enrique levantó los ojos de su tarea, y dejó caer los destornilladores que en esos momentos tenía en la mano. Javier se sacó el lápiz de la boca sin cerrarla. Paco se apresuró a subir el volumen de la radio. Y César se acercó para escuchar mejor.

–*Securité, securité, securité*! *All ships, all ships, all ships*! –repitió la radio.

Todos se miraron con gesto de no comprender bien.

–*This is Aloa, Aloa, Aloa* –se identificó por fin el barco emisor del mensaje de alerta–. *Alfa, Lima, Oscar, Alfa. Securité. Aloa. Navigation warning! Containers semi–submerged! Switch to VHF channel zero six. Over.*

Paco se apresuró a cambiar el canal de la radio según las indicaciones. El mismo mensaje se repetía ya en el 06 pero, esta vez, con especificaciones adicionales que informaban de que el barco en cuestión, el *Aloa*, había avistado en el agua tres contenedores de carga que se encontraban medio sumergidos en un área delimitada por los 21 grados de latitud y los 52 de longitud. ¡Exactamente las mismas coordenadas en que navegaba el *Mojito*! Rápidamente, tras echar una primera ojeada de seguridad, Enrique repartió a toda la tripulación por el barco. Paco y César se situaron en la bañera, pendientes de si la radio emitía algún otro mensaje y vigilando la popa del barco. Toni, a estribor. Marta, a babor. Javier, en lo alto del mástil, suspendido por un arnés. Y el propio Enrique, a proa.

–No perdáis ripio –les indicó–. Tened los ojos bien abiertos. Pero, sobre todo, prestad mucha atención a vuestros oídos. Cualquier sonido extraño puede poneros sobre aviso de la cercanía de los contenedores. Tened en cuenta que, si chocamos con alguno de ellos, tendremos una vía de agua segura... y, muy probablemente, graves dificultades. Podríamos incluso llegar a hundirnos.

Cualquier detalle –un poco más de espuma de lo habitual, un destello brillante del sol sobre la superficie del agua o el sonido diferente de las olas al romper– podía ser una pista esencial. Así que la tripulación pasó el resto de la jornada a la escucha. Podría decirse que jamás, en sus vidas, nadie había prestado tanta atención, con tanta intensidad y de un modo tan continuado, a nada. A lo largo de horas, cada uno de ellos percibió sonidos que jamás había oído hasta entonces: desde el suave balancear del velero sobre las olas, el crujir de las velas y el latir de viento hasta la propia respiración, la vibración que transmite el mar o el salto de los peces. Sin apenas haber comido más que unos sándwiches preparados a toda prisa, a primera hora de la tarde, Toni, que había tomado el relevo de Javier sobre el balanceante mástil, avisó de que veía algo brillante en el horizonte. Un silencio sepulcral se hizo a bordo. Toda la tripulación, asomada a estribor, puso en alerta sus sentidos. Pero, sobre todo, se dedicaron a escuchar con toda la atención que eran capaces de prestar. Tras quince minutos y sin novedad, cada uno volvió a ocupar su puesto en el velero. Así transcurrió el resto de la tarde, hasta que, a las ocho, con el día empezando a caer, Enrique consideró que habían avanzado lo suficiente como para haber salido del perímetro en que se suponía que estaban los contenedores.

–Creo que ya podemos estar tranquilos. Estamos muy lejos de las coordenadas que nos han indicado por radio.

–¡Uf! –exclamó Marta–. ¡Qué mal trago!

–Sí –dijo Toni–. Da miedo pensar que puedes equivocarte, no darte cuenta de algo y, ¡pum!, encontrarte de repente con un contenedor encastrado en el costado del barco.

–Creo que hemos extremado tanto las precauciones que era prácticamente imposible que no los viésemos –respondió Enrique–. Todos habéis estado muy atentos. Apuesto a que habéis ejercitado el oído más que nunca en la vida.

–Es verdad –dijo César–. Yo he escuchado sonidos que jamás había imaginado.

–Todos hemos escuchado hoy más atentamente que nunca –dijo Paco–. Pero creo que esto te ha ido bien sobre todo a ti, Enrique.

–¡¿A mí?! –se extrañó éste.

–Sí, a ti. Estoy segurísimo de que nunca habías prestado tanta atención a nada. Jamás te había visto escuchar con tanta paciencia.

–Es verdad –dijo Toni–. Cuando he dicho que veía alguna cosa en el horizonte, curiosamente me has escuchado, me has dejado hablar sin interrumpirme y has esperado a que te lo explicase con pelos y señales. Te has interesado por lo que quería decirte. Creo que nunca me había sentido tan importante para ti.

–Por favor, Toni –se defendió Enrique–, siempre me intereso por lo que dices.

–Toni tiene razón –insistió Paco–. Conmigo, tienes la costumbre de seguir haciendo tus cosas mientras te estoy hablando. A veces, me ignoras completamente.

–A mí no es que me ignores del todo–dijo Toni–, pero a menudo finges que me escuchas cuando, en realidad, estás pensando en tus cosas. Me miras, me dedicas tu tiempo, no haces otras cosas mientras te hablo... pero tu mente está en otra parte. Y además, tienes la mala costumbre de emitir ruiditos guturales, del tipo *¡aja! ¡hum, hum!*, y asentir con la cabeza, pero no dices nada sobre lo que te estoy contando, porque no tienes ni idea de lo que es.

–Creo que tenéis una mala imagen de mí... injustificada –dijo Enrique.

–En mi caso –intervino Javier–, yo diría que me escuchas selectivamente.

–¿Eh?

–Me escuchas por encima, sin fijarte mucho en lo que te digo y sólo de vez en cuando, cuando te llegan ondas de algo que te puede interesar, me interrumpes y me haces empezar de nuevo... porque no estabas prestando toda la atención. Normalmente, es cuando toco un tema que te afecta a ti.

–Vaya, vaya, vaya.... Dado que esta lapidación colectiva va camino de implicar a todo el mundo –se lamentó Enrique–, tú,

Marta, ¿no tienes nada que reprocharme?

–En verdad no. Siempre me has escuchado... Aunque, en mi caso, noto que sólo te quedas con la información, no con las emociones; no te preocupa cómo me siento yo cuando te explico algo. ¿Recuerdas aquel día que me enganché el dedo con el ancla y me preguntaste qué le pasaba al ancla?

Todos rieron la anécdota. Todos, menos Enrique, que comenzaba a temer que la ronda de reprobaciones se prolongaría. En su ayuda, salió César:

–Pues yo he de decir, en defensa de mi padre, que siempre me he sentido escuchado por él. Se preocupa por cómo me siento, por mi estado de ánimo. Cuando esta mañana me dio un chispazo el cable de la batería, lo primero que hizo fue preguntarme si me había hecho daño.

–¡Muy bonito! –se quejó Marta–. ¡Eso son favoritismos familiares!

–Bueno, ¡basta de tonterías! –intervino Enrique–. Ni familia ni nada. Me estáis dejando peor que un trapo sucio. Y ahora que os he estado escuchando y aguantando estoicamente vuestra lluvia de reproches, ¿nadie me felicita por ello?

–Felicidades –dijo Paco–. Pero procura sacar una enseñanza de todo lo que hemos dicho... Quizás hayamos exagerado un poco, pero algo de razón llevan nuestros mensajes.

–No te creas, todavía hay gente que lo hace peor que tú –rió Marta–. Los hay que escuchan solamente un poquito, antes de introducir su propia experiencia en la conversación. Son los que, digas lo que digas, siempre te cortarán para explicarte su visión del tema, contarte una batallita que tiene que ver remotamente con lo que tú estabas explicando y dejar claro que su vida siempre es mucho más interesante que la tuya. Es la gente que siempre habla de sí misma. Que mientras escucha, lo que está haciendo en realidad es preparar mentalmente su respuesta. A estos personajes sólo les preocupa emitir juicios, dar consejos y te interrumpen en cuanto empiezas a hablar porque parece que saben lo que vas a decir. Afortunadamente, Enrique, éste no es tu caso.

– ¡Uf! Menos mal, por lo menos de una me he librado.

–Y a veces, el que habla simplemente quiere que le escuchen –dijo Toni–. Y punto. No quiere oír opiniones, ni que le den consejos, ni que le salgan con la típica frase de «A ti lo que te pasa es que...». Sólo quiere que le escuchen, no que le hagan diagnósticos.

–Me huelo que eso sí que lo dices por mí. ¿O no?

–Ni mucho menos, Enrique. Lo digo por otros, que no están en este barco.

–¡Qué bien! ¡Me he vuelto a librar! Estoy empezando a pensar que igual no soy tan mala persona. Después del retrato que me habéis hecho antes...

–Nadie ha dicho que seas mala persona –replicó Paco–. De hecho, eres una excelente persona pero no sabes escuchar, porque eres poco paciente. Y para escuchar hace falta, básicamente, paciencia.

–Y saber callar –dijo Marta–, prestar atención, no juzgar, no hacer otras cosas al mismo tiempo, mirar al interlocutor a los ojos y fijarse en su tono de voz, en los detalles... Escuchar no es simplemente oír, es entender. Que no es lo mismo que estar de acuerdo.

–Bueno, pues gracias a nuestros ejercicios de escucha de hoy y a los contenedores flotantes, se os ha presentado una buena oportunidad para decírmelo. Y os prometo, amigos míos, que lo tendré en cuenta. A partir de ahora, intentaré que mi nivel de escucha se sitúe en cotas más altas.

–A mí también me interesa saber cómo escucho –resolvió Paco–. Y también voy a analizar mi actitud y a preguntarme cómo me gustaría que los demás me viesen escuchar.

Espontáneamente, Toni se puso a aplaudir. Lo siguieron los demás, que añadieron vítores y vivas. Enrique, demasiado curtido para enrojecer en público, se levantó con ademán de querer pronunciar un discurso y, ante la insistencia de sus compañeros, acalló los aplausos con las palmas de las manos.

–Acabo de recordar –dijo– una frase que me llegó hace unos años por correo electrónico. Decía algo así: «Dios nos ha dado dos orejas y una boca para que escuchemos el doble de lo que hablamos». Creo que con ella podemos resumir perfectamente mucho de lo que hemos aprendido hoy. Y, dicho esto, me retiro a mi camarote porque estoy reventado y hambriento, cosa que creo que deberíais hacer todos los demás... excepto los que se queden de guardia, claro está.

Acto seguido, dio la espalda a sus compañeros y se dirigió, con la cabeza alta y el gesto digno, hacia el interior.

–¡Genio y figura, sí señor! –exclamó Javier viéndolo desaparecer.

–Ése es el amigo al que respeto –dijo Paco.

–¡Y el padre al que quiero! –rió César.

JORNADA DECIMOCUARTA

Longitud 059º 38' 00" W
Latitud 22º 12' 46" N

UN GOLPE A TRAICIÓN

Javier había pasado buena parte de la mañana del último día del año rastreando la cubierta en busca del motivo de un intenso hedor que, desde la noche anterior, no los dejaba respirar. Finalmente, detrás de un grupo de cabos, encontró la respuesta. Era un pez volador que debían de haber descuidado días antes al realizar la recogida matutina. Solucionado el problema, se sentó a popa, cerca de los candeleros, para observar el placentero salto de los peces sobre el agua. El piloto automático gobernaba el velero, con lo cual disfrutaba de una guardia más que tranquila. Pero su paz no duró mucho.

De repente, sintió un crujido a sus espaldas y, en décimas de segundo, giró la cabeza hacia atrás y sintió un estallido descomunal que le pareció el fin del mundo. Toni, sentado al lado del mástil, se volvió a tiempo de ver cómo la botavara se estampaba a gran velocidad contra la frente de su amigo y cómo éste se desplomaba sobre la cubierta. De un salto, se colocó junto a Javier, cuya cabeza era un manantial de sangre y, asustado, corrió en busca de ayuda al interior. Desde el comedor, Marta había oído un golpe seco y, al ver la cara empalidecida de Toni asomar por la escalera, intuyó que algo grave sucedía. En unos segundos estaba, botiquín en mano, al lado del accidentado. El resto de la tripulación descansaba en los camarotes, pero alarmada por las voces de Toni y Marta, también acudieron inmediatamente a cubierta. Javier yacía completamente inconsciente, con una gruesa brecha en la frente.

–¡Dios mío! ¿Qué ha pasado? –exclamó Enrique.

Marta intentaba reanimarlo con suaves golpes en las mejillas.

–El piloto automático debió de cambiar el rumbo hacia el sur –explicó Toni, a punto de echarse a llorar–. Tan despacio que ni siquiera nos dimos cuenta. Y la botavara, que estaba a babor, ha pasado a estribor a toda velocidad... y se ha llevado por delante la cabeza de Javier.

–Está volviendo en sí –dijo Marta.

Javier movía lentamente la cabeza hacia un lado y el otro. Finalmente, abrió los ojos.

–Javier, ¿me oyes? Ya pasó todo –le dijo Marta con tono tranquilizador, mientras le acariciaba la cabeza–. ¿Estás bien?

Javier esbozó una pequeña sonrisa. Le daba vueltas la cabeza. ¿Cuánto tiempo habría permanecido inconsciente?

–¿Te encuentras bien? –repitió Marta.

Javier miró a su alrededor. Las cabezas de sus cinco compañeros asomaban formando un círculo sobre él. Los escrutó uno a uno. Y, finalmente, reunió fuerzas para responder:

–A juzgar por la cara de Toni, debo de estar muriéndome.

Todos se giraron hacia el aludido, que, efectivamente, estaba lívido como una pared.

–Tío, no pongas esa cara de angustia, que no es para tanto –le pidió César–. Anda, ¿por qué no te sientas?

Paco intentó calmarlos:

–Por tu tono de voz, intuyo que te encuentras bastante bien. ¿Recuerdas qué te ha pasado?

–La botavara quiso hacerme una cara nueva –bromeó Javier.

El comentario jocoso consiguió tranquilizar definitivamente a sus compañeros.

–No te enfades, Enrique –dijo Javier, intentando levantar la cabeza, a lo cual se opuso Marta con un solo gesto de mano.

–¿Quién te ha dicho que estoy enfadado? –respondió Enrique molesto.

–Me lo dice tu cara –contestó Javier–. Estás enfadado por el incidente. Porque nos hemos despistado con el piloto automático.

–Ahora no es momento para eso –intervino Marta–. Hay que desinfectar la herida y coser el tajo. ¿Crees que podrás aguantar el alcohol?

–Exacto, ocupémonos ahora de lo que importa –ratificó Enrique.

–Bien, pues dejadnos solos –pidió Marta–. Y que alguien me traiga un cojín para acomodarlo mejor.

Mientras los demás se hacían cargo del rumbo, Marta se puso manos a la obra.

–Espero que sepas coser heridas mejor que coser velas –bromeó Javier.

–Veo que el golpe te ha agudizado el ingenio –rió Marta–. No te preocupes, te voy a hacer un remiendo que ni se notará... en unos cuantos meses, claro.

–¡Aaaayyyy! –gritó Javier–. ¡Me duele!

–Vamos, aguanta un poco. Es sólo el alcohol. Te pondré un poco de anestésico local.

Tranquilizado por el efecto de la anestesia, mientras observaba la aguja de Marta trabajar, Javier dijo:

–Es curioso cómo la expresión de las personas puede transmitir tantas cosas, tantos mensajes, incluso sin palabras.

–¿A qué te refieres? –preguntó Marta.

–Cuando me he despertado, cada uno me ha comunicado lo que pensaba solamente con la expresión de la cara, con tanta fuerza que no han hecho falta palabras.

–Estábamos todos muy asustados –dijo Marta.

–Sí pero tu cara me ha transmitido tranquilidad; al revés que la de Toni, que expresaba alarma y susto.

–¡Es que es un exagerado! –rió Marta–. Eso es porque él es quien estaba contigo cuando has tenido el accidente.

–Y Enrique, que no me miraba fijamente como todos los demás, sino que pensaba en sus cosas, transmitía enfado. Mientras, Paco tenía un gesto de no entender qué había pasado.

–¿Y César?

–El pobre César os miraba a todos los demás y se preguntaba por qué demonios poníais esas caras. Lo vi en sus ojos.

Marta rió.

–Pues sí que has sacado información de nuestras expresiones... También tú, solamente con el tono de voz, nos has transmitido mucha tranquilidad.

–Es que comunicar no es solamente hablar –dijo Javier–. Es también acompañar las palabras. Son los gestos, la actitud, el tono, la mirada...

–A veces, esos detalles son los más importantes: la expresión, la sonrisa, el movimiento de las manos, la posición del cuerpo... y las pausas, el énfasis que le damos a la voz. ¿No te has encontrado nunca con gente que, sin articular palabra, lo dice todo con la cara?

–¡Ya lo creo! Y, como dice mi padre, la gente no tiene la culpa de la cara que tiene, pero sí de la que pone.

–Y también podemos aprender a moderar el tono de nuestras palabras. Muchas veces los demás se molestan con nosotros no tanto por lo que decimos, sino por el tono que usamos.

–Eso le sucede a mucha gente –ratificó Javier–. Y, a veces, nuestra cara, por ejemplo, dice lo contrario de nuestras palabras. En el fondo, el subconsciente se fía más de las expresiones que de las palabras. ¡Cuántos reos habrán sido condenados a lo largo de la historia sólo porque sus abogados no han conseguido comunicarse bien con el jurado!

Marta rió la ocurrencia.

–Celebro que el golpe no haya afectado a tu capacidad para reflexionar –dijo en el preciso momento en que cortaba el hilo sobrante del último punto–. Bien, he terminado de coser. ¿Podrás levantarte?

–Claro que sí.

–¡César! –gritó Marta–. Ayúdame a llevarlo adentro.

En un momento, consiguieron acomodarlo en los sofás del comedor.

–Bonita manera de celebrar el fin de año –rió César–. Tío, eres un gafe.

–Y que lo digas. Después de los dolores de tripa, ahora esto.

–¡Te vamos a apodar *el Pupas*! –rió Marta.

–Vamos, no te quejes –dijo Paco bajando las escaleras–. Eres el tripulante más mimado por Marta en esta travesía. ¡Y eso es todo un privilegio!

JORNADA DECIMOQUINTA

Longitud 064º 33' 00" W
Latitud 22º 30' 37" N

AÑO NUEVO EN BUENA COMPAÑÍA

A pesar de los excesos de la noche anterior, la tripulación saludó el primer día del año con energías renovadas. Cuba se sentía cada vez más cerca, a apenas tres jornadas, si los cálculos no fallaban y el tiempo les era favorable. El cambio de año dejaba atrás otra etapa y alimentaba el buen humor colectivo. Tras un desayuno ligero, Toni, Enrique y Marta se emplearon a fondo en preparar la preceptiva comilona. César y Paco hacían su guardia en cubierta. Y Javier, un tanto ocioso, merodeaba buscando alguna cosa que ordenar o arreglar. En uno de sus viajes al exterior, comentó:

–A ver si Marta termina ya con la cocina y me desinfecta la herida.

Paco se ofreció:

–Ya lo hago yo, hombre. Trae el botiquín.

–¡Ni se te ocurra tocarme! –exclamó Javier–. Yo sólo dejo mi cabeza en manos de Marta.

–Bueno, bueno –contestó Paco molesto–. Si no confías en mí...

En ese momento, César, ajeno a la discusión, lanzó un grito de alegría:

–¡Guaaau! Mirad allí. ¡Son ballenas!

Efectivamente, a menos de doscientos metros podía observarse un impresionante surtidor de agua, acompañado de otro pequeño chorro.

–¡Ballenas! ¡Ballenas!

En escasos segundos, el resto de la tripulación estaba en cubierta. Realmente, el espectáculo ofrecido por los descomunales cetáceos era emocionante. La cría no se separaba en ningún momento de la madre, que con sus aletazos parecía marcarle la ruta que debía seguir en su navegación.

–Deben de estar migrando hacia aguas templadas en busca de alimento –comentó Marta–. Las ballenas se pasan todo el año desplazándose de un lado a otro, de aguas frías a aguas tropicales.

–¡Acerquémonos! –pidió César.

–No –dijo Enrique–. Es peligroso. Podrían llegar a hundirnos con un golpe de cola.

–Bueno, pues voy a subir al mástil para hacerles unas fotos.

Raudo y veloz, en unos segundos César regresaba del interior con la cámara colgada al cuello y un arnés de seguridad. Marta se acercó a él:

–Deja. Ya te hago yo el nudo.

–No, gracias –respondió César–. Prefiero hacérmelo yo.

Y, ante la mirada molesta de Marta, añadió:

–Es por seguridad.

–Vaya, ¿no confías en mí?

–Como enfermera sí pero haciendo nudos no lo sé. Por eso, si no te importa... Piensa que si caigo desde diecisiete metros de altura puedo hacerme mucho daño.

Marta se apartó, mientras César terminaba de asegurar el arnés. Javier se ofreció a subirlo, pero César se giró hacia Toni:

–¿Puedes ayudar a Javier a cazar la driza?

–Puedo hacerlo solo –replicó Javier.

–¿Con esa cabeza medio abierta? Prefiero que te ayuden.

Por fin, César subió y bajó sin incidentes del mástil, tras tomar un buen número de fotos. Al cabo de pocos minutos, las ballenas empezaron a alejarse del *Mojito*, hasta desaparecer rumbo norte. Enrique reclamó a Toni de vuelta a la cocina y Marta se puso manos a la obra con la herida de Javier. Mientras, César y Toni preparaban una espectacular mesa de Año Nuevo en la cubierta. La mar calmada y el buen clima reinante les permitirían celebrar tan simbólica fecha mirando al océano. La comida, regada con un sublime vino tinto celosamente guardado por Paco hasta ese momento, transcurrió envuelta en un espíritu de total armonía. No era para menos. Después del regalo de las ballenas, el atún marinado de Toni les supo a gloria. Ya en los postres, Paco, de repente, preguntó:

–Javier, ¿por qué no has confiado en mí para curarte los puntos?

Javier se encogió de hombros.

–Perdona si te he molestado. Pero tampoco César ha confiado en mí para cazar la driza.

–Ni en mí para asegurarle el arnés –intervino Marta.

–Bueno, ¿qué queréis que os diga? –respondió César–. No siempre confías en una persona para todo. A veces confías y otras no. Por ejemplo, Javier ha confiado más en Marta que en Paco. Y, sin embargo, yo he confiado más en mí mismo que en Marta.

–Lo cual demuestra, Marta –intervino Enrique–, que no es que no seas una persona de confianza, sino que lo eres más para unas cosas que para otras.

–Por cierto, ¿os habéis preguntado alguna vez qué es eso de la confianza? –preguntó Paco.

–A mí me parece que es algo que se gana con el tiempo –dijo Marta–. Por eso, hace falta vivir experiencias junto a los demás para poder demostrar que eres digno de confianza. Como César nunca me ha visto hacer nudos de arnés, no podía confiar en que lo hiciese bien.

–Yo creo que es una cuestión de capacidades, de conocimiento y de preparación –intervino Enrique–. A veces confías en una persona, pero no pondrías en sus manos cualquier cosa. Sólo lo que te ha demostrado que sabe hacer.

–La confianza se gana –añadió Javier–. Y, poco a poco, se da. No puedes confiar en alguien a quien no conoces... a no ser que te lo haya recomendado otra persona de confianza. Pero, por encima de todo, no confías nunca en alguien que te ha defraudado.

–Es verdad; solamente confías en alguien cuando compruebas que responde a tus expectativas –dijo Marta.

–¿Y qué se puede hacer para ganarse la confianza de alguien? –preguntó Toni.

–Hay una técnica infalible –respondió Marta–: haz y revisa. Es la mejor manera de no caer en errores y de no defraudar.

–Y otra todavía más importante –añadió César–: si te comprometes con algo, hazlo. Si das tu palabra, no te desdigas después.

–Eso está claro. No se puede decir que sí y después que no –dijo Javier–. Si no estás seguro de querer, poder o saber hacerlo, es mejor decir desde un principio que no.

–Sin darte cuenta, tu trayectoria a lo largo de la vida, desde que eres un niño – manifestó Paco–, la imagen que los demás tienen de ti, tu etiqueta, tu marca... es igual que la de un producto o una empresa que ha conseguido ganarse una imagen de calidad y prestigio a través de los años. Su mensaje es: «Cómprame y no te preocupes de nada más». El nuestro: «Confía en mí. No te decepcionaré».

«Pero podéis estar seguros de que, cuando la confianza se pierde, es difícil recuperarla –siguió Paco–. Por eso, es importante que, sea cual sea la empresa en que nos embarquemos, lo hagamos con seriedad e ilusión poniendo en ello tanto la cabeza como el corazón».

–Pensad en gente de la que desconfiéis, en términos generales

–propuso Enrique–. Gente con la que jamás montaríais una empresa... o emprenderíais una travesía. Y preguntaos por qué.

Se hizo un silencio alrededor de la mesa. Finalmente, observando con agrado que nadie iba a criticar a personas ausentes, Enrique propuso de nuevo:

–Ahora pensemos en nosotros mismos. Preguntémonos si la gente confía en nosotros o no, qué imagen damos y qué experiencias han vivido los demás con nosotros que les hayan demostrado nuestra seriedad. ¿Hemos cometido con ellos muchos errores? ¿A cuánta gente hemos decepcionado? ¿Cuántas personas diríamos que confían plenamente en nosotros? ¿Cómo nos hemos ganado esa confianza? ¿Se tirarían en un paracaídas plegado por ti?

JORNADA DECIMOSEXTA

Longitud 070º 25' 00" W
Latitud 23º 60' 00" N

UN HUÉSPED INSÓLITO

A escasas cuatrocientas millas de la soñada Habana, el *Mojito* surcaba la noche viento en popa, eufórico, ansioso por reunirse con su dueño y disfrutar de un merecido descanso. Quizás aquélla fuese su última travesía... o quizás no. Quién sabe. Con estos pensamientos ocupaba Marta una guardia más que tranquila, mientras César dormitaba sentado en un cofre. Lo miró con ternura; sabía que su opinión había sido decisiva para que ella embarcase. No se imaginaba lo importantes que habían sido aquellos quince días, no sólo por las experiencias vividas, sino sobre todo por las muchas lecciones aprendidas. Deseaba llegar a La Habana, pero, al mismo tiempo, temía que en tierra firme los lazos tejidos en tan pocos días con sus cinco compañeros se rompiesen como débiles hilillos. Ojalá lo que los unía se mantuviese siempre tan fuerte como una driza. Desde luego, haría todo lo posible para conservar las amistades ganadas a bordo. Paciencia no le faltaba.

–¿Qué hora es, Marta? –preguntó César, sacándola de sus cavilaciones.

–Ya falta poco.

–Estoy molido. ¿En qué estabas pensando?

Marta no respondió.

–Eh, ¿me oyes? ¿En qué piensas?

–¡Chsss! –dijo Marta–. ¿Has oído eso?

–¿El qué? ¿No oigo nada?

–¡Chsss! Calla.

César aguzó el oído y, efectivamente, oyó un plof plof plof que sonaba con total claridad sobre sus cabezas. Parecía un aleteo, pero era evidente que no procedía del mar.

–¡¿Un pájaro?!

Marta ya enfocaba con la linterna el mástil, pero no se veía absolutamente nada. El plof plof plof volvió a oírse.

–El ruido viene de ahí arriba, estoy segura –dijo Marta, mientras volvía a enfocar.

–A estribor, enfoca a estribor.

De repente, sobre una cruceta, divisaron algo que los dejó boquiabiertos.

–¡Es un pájaro! –exclamó César–. Pero, ¡¿tan cerca estamos de tierra?!

Efectivamente, acurrucado entre la segunda cruceta y el mástil, se veía una pequeña ave de colores claros. Qué tipo de pájaro era no lo sabrían hasta el amanecer, puesto que la luz de la linterna lo asustaba y lo hacía ovillarse aún más. Su procedencia era algo que no lograban explicarse. Tras quince días sin divisar ningún animal que no se moviese por el agua, encontrar de repente algo que procedía de tierra era todo un acontecimiento. Con las primeras luces del alba y el animal un poco más tranquilo, pudieron reconocer los rasgos de una paloma... o algo bastante parecido. ¿Podía una paloma recorrer tanta distancia?

–¡Pues claro! –dijo Paco– ¿O es que nunca habéis oído hablar de las palomas mensajeras?

–¡Eso es! –dijo César, corriendo hacia el interior.

En unos momentos, volvía con unos prismáticos.

–Tiene algo en la pata. ¡Podría ser un mensaje!

El enigma del mensajero suspendido en la cruceta atrajo a toda la tripulación a cubierta. Pero, por más que lo intentaban con silbidos y ruidos guturales varios, la paloma no manifestaba la más mínima intención de descender. ¡Ni de retomar el vuelo!

–Puede que se haya perdido –dijo Toni–. O a lo mejor está cansada y no tiene fuerzas para continuar. Teniendo en cuenta que estamos en medio del océano, podría llevar días volando sin parar.

Con el paso de las horas y sin novedad, el interés que había suscitado la paloma fue decayendo poco a poco. En la base del mástil, sólo recibía la visita puntual de Marta, que cada media hora le traía un tazón de pan mojado con leche y agua limpia. Cada media hora.

–¿Por qué insistes? –le preguntó Javier desde el timón–. No va a bajar. Es un pájaro, no un perro. Y los pájaros desconfían de los humanos.

–Debe de tener hambre y sed. Si ve que le cambio la comida, al final acabará confiando en mí –respondió Marta antes de reemprender su ronda de silbidos y palabras afectuosas hacia el animalito.

–Tú misma. Si quieres seguir perdiendo el tiempo...

A las dos de la tarde, Marta avisó al resto de la tripulación de que la paloma había descendido de un salto a la primera cruceta.

–¡Menudo logro! –rieron todos.

Sólo Paco visitaba de vez en cuando a Marta bajo el mástil para darle ánimos.

–¡Qué paciencia, muchacha! Como la sigas mimando así, creo que no querrá marcharse de ahí nunca.

A las cinco de la tarde, en el momento en que Marta depositaba sus tazones en el suelo, la paloma voló suavemente por encima de su cabeza y se posó sobre los candeleros. Marta se quedó inmóvil, temiendo que cualquier mínimo movimiento pudiese asustar al animalito. César, que observaba la escena desde la bañera, hizo ademán de acercarse pero ella lo detuvo con un gesto de la mano. Al cabo de unos minutos, la paloma bajó a cubierta y comenzó a caminar con toda tranquilidad hacia Marta, que continuaba arrodillada al lado de los tazones. Picoteó con avidez el pan y, cuando se disponía a beber un poco de agua, Javier asomó por la escalera gritando:

–¿Qué? ¿Ha bajado ya el mensajero?

Como respuesta obtuvo un aleteo violento sobre su cabeza. La paloma volvía a estar en la primera cruceta.

–¡Jo, tío! ¡Qué oportuno eres! –exclamó César.

–¡Y yo qué sabía!

–No os preocupéis, volverá a bajar –aseguró Marta.

Efectivamente, en cuanto la cubierta quedó de nuevo despejada, la paloma mensajera volvió a descender hacia los tazones. Marta la observaba desde el extremo de la bañera y cuál no sería su sorpresa cuando, una vez satisfecha su sed, la paloma giró sobre sí misma, la miró largamente y comenzó a caminar hacia ella. Desde el agujero de la escalera, Javier, César y Enrique observaban el espectáculo.

–¡Ahora! ¡Tenemos que atraparla! –dijo Javier, disponiéndose a salir en el momento en que la paloma pasaba frente a ellos.

Enrique lo asió por un brazo.

–¡Estate quieto! ¿No ves que si sales, volverá a colocarse sobre la cruceta o directamente se irá? Creo que Marta es la única persona que puede hacerse con el mensaje.

Pero el murmullo alertó a la paloma, que giró la cabeza y, al verlos, se quedó parada frente a la escalera. Sin que pudiesen evitarlo, Javier salió disparado y se abalanzó sobre ella, pero el animal, ágil como el viento, emprendió el vuelo en el justo momento en que Javier aterrizaba sobre la cubierta.

–¡Pero mira que eres bestia! –gritó César–. ¡La has vuelto a asustar!

Javier, extendido sobre el suelo, se tocaba la herida de la cabeza para comprobar que no era ahí donde se había dado el golpe.

–¡Uf! ¡Qué batacazo!

–Te lo tienes merecido –dijo Enrique–. Por impaciente.

–Creo que lo mejor que podemos hacer es desaparecer todos y dejar a Marta sola con la paloma –propuso César–. Parece que ella se ha ganado su confianza y nosotros sólo conseguiremos asustarla.

El curioso mensajero tardó media hora larga antes de aventurarse de nuevo a bajar a cubierta. Pero cuando el animal descendió, se plantó decidido, con un aleteo corto, a lo pies de Marta, que lo había estado esperando pacientemente sentada en el mismo lugar.

–Por fin –le susurró Marta–. ¿Quieres darme tu mensaje?

Alargó lentamente la mano hacia ella y esperó a que la paloma se acercara más para cogerla con mimo y posarla sobre su regazo. Le acarició la cabeza durante largos minutos y, sólo cuando sintió que el latido apresurado de la paloma se espaciaba y vio que ésta restregaba suavemente el cuello contra su mano, se atrevió a extraer, muy despacio, el papelito que llevaba enrollado en la pata derecha. Lo desplegó con sumo cuidado y lo leyó. Desde la escalera, César y Toni, armados con prismáticos, la observaron sonreír. No podían soportar más la curiosidad pero Enrique los detuvo de nuevo:

–Ya habéis visto que la única manera de tratar con esta paloma es con paciencia, chicos. Esperad. Dejad que Marta nos dé el mensaje.

En ese momento, después de enrollar de nuevo el papelito en la pata, Marta se levantó y depositó suavemente al animal sobre el candelero. Ante la sorpresa de todos, tras mirar primero el mar y después el cielo, la paloma se giró hacia Marta, emitió un agudo sonido y alzó el vuelo. Toni, César y Enrique corrieron al exterior.

–¡Adiós! –gritó César agitando una mano.

Toni miró a Marta. Grandes lagrimones, como los de un niño, recorrían sus mejillas. La abrazó.

–Me hubiese gustado que viniese con nosotros a La Habana –dijo Marta–. Pero ha de continuar su camino.

–¿Hacia dónde? –preguntó Enrique.

–No lo sé, no me lo dijo –sonrió Marta.

Paco y Toni se habían unido al grupo.

–Se fue sin llegar a saber nada de ella –dijo Toni.

–Te equivocas –corrigió Enrique–. Marta consiguió leer el mensaje.

– ¡¿Qué?! ¿Y no nos habéis avisado?

–¿Qué decía el mensaje, Marta? –preguntó Toni con dulzura.

Marta los miró a todos, uno a uno. Finalmente, respondió sonriendo:

–Decía: «Soy una paloma mensajera de regreso hacia su punto de partida. Si me encuentran, probablemente esté cansada, sedienta, hambrienta o herida. Cuídenme y déjenme partir de nuevo».

Un silencio sepulcral se hizo en el *Mojito*.

–¡Vaya por Dios! –dijo por fin Paco–. Nunca sabremos de dónde venía ni adónde iba.

–Sí pero es lo más bonito que nos ha sucedido desde que estamos a bordo –dijo Toni–. Y lo hemos vivido gracias a la constancia y la paciencia de Marta.

–Nos has demostrado que el esfuerzo, si es firme y constante, acaba por dar resultados –dijo Enrique.

Marta guardaba silencio.

–Siempre he creído que, si quieres algo, al final lo consigues –dijo al fin–. Pero has de tener paciencia y ser tenaz... No puedes desanimarte a la primera de cambio.

–¡Doce horas! –exclamó Paco.

Los demás lo miraron.

–Te has pasado doce horas sin dormir, a pesar de haber estado de guardia por la noche. No has descansado ni un momento, insistiendo con los tazones de agua y pan... Todos los demás, a media mañana ya habíamos tirado la toalla. Y, sin embargo, has persistido, a pesar de no obtener progresos aparentes.

–Yo, sinceramente, creía que la paloma acabaría levantando el vuelo sin habernos revelado nunca su mensaje –dijo César.

–Pues yo sabía que al final bajaría –dijo Marta–. A pesar de vuestro ruido y de los sustos que le habéis dado, sabía que, si persistía, finalmente vendría a mí. En el fondo siempre es así: las cosas que más nos gratifican son las que conquistamos poquito a poco, pedazo a pedazo, pasito a paso... a pesar de las dificultades. La voluntad es lo que cuenta.

–Quien siembra, recoge –sentenció Enrique.

–Y no esperes recoger el trigo sin haberlo sembrado antes –completó Paco.

JORNADA DECIMOSÉPTIMA

Longitud 075º 25' 00" W
Latitud 24º 32' 43" N

¡TIERRA A LA VISTA!

El aroma de La Habana se sentía cada vez más cerca y un nerviosismo creciente se iba apoderando de la tripulación, que se enfrentaba simultáneamente a la emoción de llegar a puerto y al regusto de añoranza que deja lo pasado. Desde primeras horas de la madrugada, venían observando pequeños arrecifes de coral semisumergidos y, después del desayuno, divisaron con claridad, a babor, la silueta de la que podría ser la isla de San Luis. Enrique avisó de que había que extremar las precauciones y, a partir de ese momento, gobernar el barco a mano. A esas alturas, encallar sería catastrófico. Así pues, Paco se hizo cargo de la rueda, mientras Javier montaba guardia a su lado para divisar al instante cualquier elemento extraño que pudiese aparecer en el horizonte.

A media mañana, de repente, el viento arreció a 20 nudos. Y, en pocos momentos, como por arte de magia, un negro nubarrón cubrió por completo el pedazo de cielo bajo el cual navegaba el *Mojito*. El día se oscureció totalmente y pareció que, de un salto, habían pasado ocho horas y la tarde se precipitaba sobre ellos, pero no era así. Era la misma mañana, si bien estaba escondida. En breve, un imponente aparato eléctrico vino a acompañar al nubarrón. Paco y Javier arriaron la mayor a toda velocidad. Enrique y Toni se reunieron con ellos en cubierta y comenzaron a recoger el génova, dejándolo muy menguado, a proa. Dado que el tiempo no pintaba nada bien, Enrique sugirió bajar a buscar los trajes de aguas. En efecto, fue cuestión de minutos que una tromba de agua cayese sobre el velero con increíble fuerza. Sin embargo, lo más preocupante se divisaba en el horizonte: una tormenta tropical se acercaba peligrosamente, a toda velocidad, hacia el *Mojito*. El viento había subido a cincuenta nudos y parecía ya un huracán. La mar se levantaba rápidamente y el velero navegaba escorado por completo. Paco y Javier se ataron con las escotas para no salir disparados, mientras Enrique y Toni volvían al interior.

Durante veinte minutos, todo lo que sucedió a su alrededor escapó totalmente a su control. Paco vio volar sobre su cabeza varios objetos que no supo identificar, aunque bien parecían unas zapatillas y unos botes. Los violentos movimientos del *Mojito* y las trombas de agua que provenían de cielo y mar no permitían distinguir nada con claridad. Incluso la cubierta desaparecía momentáneamente bajo el agua. Aunque daba la impresión de que navegaban por debajo de las olas, en realidad, *surfeaban* por encima de un mar embravecido. Mientras luchaba infructuosamente por mantenerse en pie, Paco pensó que una especie de huracán era lo único que le faltaba a su completísimo cuaderno de bitácora. Por fortuna, al cabo de unos minutos la tormenta fue bajando de intensidad y comenzó a divisarse de nuevo la claridad del día más allá de los límites de la nube negra, que se empecinaba en mantenerse sobre ellos. Las olas, que habían llegado a los tres metros de altura, fueron bajando poco a poco hasta convertirse en una mar ligeramente movida. En apenas media hora, la calma sucedió a la tormenta y el sol volvía a lucir, tímidamente, sobre sus cabezas. Los objetos que habían salido despedidos por el viento se hallaban desperdigados por todas partes. Con toda la tripulación en el exterior, Marta propuso limpiar la cubierta y hacer un inventario, un balance de todo lo que faltaba.

–Pero si mañana llegamos a La Habana. ¿Qué más da lo que falte? –objetó Toni.

–Toni, ¡no seas dejado! – reprochó Paco–. Ay, Dios, veo que este viaje no te ha cambiado, ¿eh?

–¿Por qué dices eso? –se molestó Toni.

–Pues porque sigues haciendo las cosas a regañadientes, como el primer día.

–¡Hala! ¡Ahí te has pasado! –se quejó Toni.

–¿Ah, sí? Pues venga, acompáñame a proa, a comprobar que todo esté bien.

Mientras recogían unas drizas que el viento había movido de su sitio, Toni comentó:

–De hecho, Paco, creo que durante este viaje he cambiado muchísimo. Lo que no sé es si vosotros lo habéis notado, pero yo por dentro a veces me siento como otra persona. No sé... por ejemplo, cuando me levanto por las mañanas, me siento realmente afortunado. He aprendido a valorar lo que tengo, estoy más motivado... ¿Te acuerdas el primer día, cuando dije que no quería embarcar?

–¡Cómo quieres que lo olvide!

Toni dejó lo que cargaba en el suelo, se plantó derecho y miró al horizonte:

–¡No sabes cómo me alegro de que me hicieseis cambiar de idea! Este viaje ha sido lo más fantástico que he hecho en la vida.

Paco rió.

–No, ¡de verdad! Lo que he aprendido aquí, con vosotros, no me lo hubiesen enseñado ni en la mejor universidad. ¡Esto sí es la escuela de la vida!

–Te equivocas. La vida en tierra firme es muy diferente.

–Sí, pero a bordo del *Mojito* he aprendido cosas que estoy seguro de que me servirán luego. Por ejemplo, el primer día me dije que nunca más sería un veleta... y asumí mi decisión de embarcarme. ¡Y aquí estoy! ¡Lo he conseguido! Y es algo que me hace sentir orgulloso de mí mismo. Por cierto, el otro día, ojeando el cuaderno de bitácora, vi que olvidaste volver a escribir mi nombre en la lista de la tripulación...

–Esperaba que lo escribieses tú cuando llegásemos –sonrió Paco.

–Ya lo hice.

De vuelta a la bañera, Toni preguntó:

–Y a ti, Paco, tú que eres un hombre aventurero y curtido, ¿esta travesía te ha enseñado algo?

Paco soltó una sonora carcajada.

–En la vida, chico, nunca dejas de aprender. Hasta que te mueres.

–¿Todo en orden por allá delante? –preguntó Enrique al verlos aparecer.

–Todo en orden –respondió Toni.

–¿De qué os reíais?

–De una ocurrencia de Toni –respondió Paco–. Me pregunta si he aprendido algo durante el viaje. ¿Tú qué le responderías?

Enrique se quedó pensativo unos segundos.

–Hombre, por ejemplo, a naufragar y no morirse del susto en plena noche.

–No –dijo Paco–. Ahí lo que aprendimos tú y yo, querido compañero, es que somos viejos y estamos de capa caída. Aquí nuestros aprendices fueron los que salvaron la situación, ¿o no te acuerdas? Tú lo explicaste: fueron creativos y proactivos. Y me salvaron la vida, vamos. Pero además, en esta travesía, aunque os parezca increíble he aprendido otras dos cosas muy importantes. La primera, que no hay que bajar nunca la guardia y que hay que hacer siempre las cosas con ilusión, aunque llueva, truene o estés calado hasta los huesos. Hay que ir siempre adelante.

–A mí eso me recuerda aquel día que cambió el viento mil veces y nos pasamos horas izando y arriando velas –recordó Toni–. Reconozco que estaba enfadado porque mi desayuno se fue a hacer puñetas. Estaba enfadado... ¡con el viento! Era el día de Navidad, ahora me acuerdo.

–Pero la tormenta pasó, ¿verdad? – dijo Enrique.

–Pasó, pasó... pero fue duro.

–Se me quedará para siempre grabado que hay que adaptarse a las circunstancias. Y si hay que correr el temporal y desviarse un poco del rumbo, pues te desvías... Y luego ya volverás a tu rumbo verdadero.

–¿Y cuál era la segunda cosa, Paco? –preguntó Toni.

–La segunda tiene que ver contigo, precisamente.

–¿Conmigo? ¡Ay, Dios!

–Sí, de ti aprendí que hay que reconocer no sólo lo que los demás hacen mal, sino también lo que hacen bien.

–¡Ah, por aquello de la nevera! Casi me echáis por la borda.

–Hombre, fuiste un descuidado –observó Enrique.

–Y lo admito, pero reconoced vosotros también que os pasasteis un pelín.

–Pero yo, aquel día –prosiguió Paco–, reflexioné sobre la gran cantidad de veces que no he sabido reconocer lo bueno de la gente. En cuanto vuelva a casa, voy a saldar esa deuda pendiente. Hay unas cuantas personas que merecen una llamada mía.

–¡Vaya con el amigo Paco! –rió Enrique–. ¡Y yo que pensaba que eras casi perfecto!

En ese momento, Javier asomó por el hueco de la escalera.

–¡Toni! ¡La comida se está quemando!

–¡Joder! –gritó Toni mientras abandonaba todo y salía corriendo– ¡Justo el último día!

Enrique movió la cabeza de lado a lado con una sonrisa.

–Este chico no escarmienta...

–Tiene toda la vida por delante para aprender. Aunque yo creo que ha cambiado mucho durante el viaje.

–Todos lo hemos hecho, incluso yo mismo. A mi edad, me estoy dando cuenta de que soy demasiado rígido. Tengo que ser más flexible. Y saber escuchar, y saber preguntar, y tener en cuenta las opiniones de los demás... ¿Recuerdas aquel día en que casi se nos quema el grupo electrógeno?

–¡Cómo voy a olvidarlo! –sonrió Paco mientras sacaba brillo, con el mayor mimo, a la rueda del timón.

–Aquel día, me di cuenta de que había sido yo quien había distribuido las funciones y que, sin embargo, no se me había ocurrido que debía compartirlas. Fue un grave error. Y podría haber tenido consecuencias desastrosas. No deja de ser curioso que después de tantos años luchando en el mundo empresarial todavía me quedase por aprender algo tan básico. Después, cuando descubrimos que Marta no sabía coser velas ni nadar, me asusté de veras. ¡No sabíamos con quién estábamos navegando! Ése fue otro grave error al planificar el equipo. Menos mal que lo solucionamos al principio del viaje. Pero me hizo pensar en mi trabajo y me di cuenta de que hay gente que lleva diez años sentándose en mesas que casi se tocan y que no conocen absolutamente nada del trabajo del otro.

–Suele suceder –respondió Paco–. Veo que tú también has de saldar algunas deudas pendientes cuando llegues.

–De todos modos, lo del grupo electrógeno acabó siendo una anécdota divertida, afortunadamente. Lo siento por César. ¡El susto que se llevó! Se sentía culpable, el pobre.

–Ahí fue donde descubristeis mis dotes de bombero –bromeó Paco.

–¡Ja, ja, ja! Casi nos quemas el barco. ¡Y yo que pensaba que lo sabías todo!

–¡Vaya! No me digas que ya no soy tu ídolo. ¿Me he caído del pedestal?

–En absoluto. En realidad, no sabes cuánto me alegro de que aceptases hacer este viaje conmigo. Ha sido un placer navegar juntos –reconoció Enrique.

–El placer ha sido mutuo.

Marta y César aparecieron en ese momento en cubierta.

–¡Guau! ¡Ha quedado todo como una patena!

–¿Y la comida? –preguntó Paco.

–Toni está intentando salvarla... –sonrió Marta.

–¡Ya estamos comiendo de nuevo con sabor a socarrado! –dijo Enrique.

–Paciencia, que ya llegamos. Y mañana nos pegaremos el gran festín con nuestras familias –dijo Marta.

–Eso, paciencia... –dijo César–, que de eso tú sabes mucho, ¿eh, Marta?

–¿Por qué lo dices?

–Mujer, por lo de la paloma de ayer. Todavía sigo pensando en ello. ¡Qué constancia la tuya!

–Tampoco es para tanto –se sonrojó Marta.

–Y además –prosiguió César–, me acuerdo de otra lección que nos diste que me ha quedado grabada. ¿Te acuerdas del día en que encontramos aquel pequeño velero que no quiso saber nada de nosotros? Me encantó la historia que nos contaste para hacernos entender que no debemos juzgar a los demás sin antes ponernos en su piel.

–¡Vaya! Eso yo me lo perdí –se lamentó Paco.

–¡Claro! ¡Estáis siempre en el catre! –respondió César–. Pero, ya veréis, que os lo cuente... Es buenísimo.

–Bueno, luego, luego –se escabulló Marta.

–¡Marta! ¡No seas así! Si lo dices con esa cara...

–¡La que tengo! –rió Marta.

–No, la que pones –respondió César.

Marta soltó una carcajada.

–¡Ah! Eso me recuerda otra conversación muy interesante,

con Javier, el día que casi se rompe la crisma, sobre las maneras de comunicar. Entendí que los gestos, el tono, la actitud o la expresión de la cara comunican tanto como las propias palabras.

–Ya veo –comentó Enrique– que en el viaje no han faltado las conversaciones. ¡Con tantas horas por delante!

–¡Ah! ¡Y recuerdo otra muy buena! Fue aquel día en que estábamos muy decaídos y Paco nos propuso contar cómo imaginábamos nuestra llegada a La Habana. Desde entonces, he estado pensando en mi futuro. ¡Estoy haciendo planes!

–¡¿Yaaa?! –rió Paco.

–¡Claro! Uno tiene que saber cuál es su camino... Si no, ¿por dónde voy a tirar cuando vuelva? Si me imagino mi futuro, ya sé hacia dónde tengo que ir.

–¡Muy inteligente! –exclamó Marta–. Nunca lo había pensado desde ese punto de vista. Quizás yo también tendría que hacer planes de futuro.

–¿Ya sabes qué harás cuando lleguemos a Cuba? –le preguntó Paco con aspecto grave.

–Me quedaré un tiempo, un mes o dos –sonrió Marta–. Y después iré a México, a visitar a unos amigos.

–¡No vas a cambiar nunca! –exclamó Enrique–. Eres una trotamundos nata.

–¡Qué va! También he tenido mis etapas de estabilidad, no te creas. De hecho, os he contado algunos episodios a lo largo del viaje.

–¿Y no te cansa ir de aquí para allá?

–Cuando me canso, me quedo un tiempo en un sitio. Es una opción de vida como cualquier otra.

–Y perfectamente respetable –reconoció Enrique.

–Además !viajando aprendo tanto¡ –exclamó Marta.

–¿Y qué has aprendido en este viaje?

–¡Tantas cosas! A confiar en la gente, a ganarme la confianza de los demás, a hacer las cosas con ilusión, a ser sincera... ¡Uf!

Tengo que ponerlas en orden. Creo que aprovecharé mis dos meses en Cuba para reflexionar sobre todo ello.

–¡A comer! –gritó la voz de Javier desde el interior.

–Venga, id, ya me quedo yo solo en la guardia. Está todo en calma –dijo Paco.

–Ahora te subimos algo –dijo Marta.

En el interior, Javier y Toni discutían acerca de la pésima calidad del menú del día.

–¡Pero no me grites! –decía Toni en el momento en que entraban.

Javier se quedó parado.

–Perdona. No era mi intención.

Se giró y vio que sus compañeros lo observaban. Enrojeció.

–Prometo que nunca más voy a gritarle a nadie. Ya he aprendido que tengo que controlarme. Lo estoy intentando con todas mis fuerzas, de verdad.

–¡Y lo estás consiguiendo, tío! –le dijo Toni, pasándole un brazo por encima de los hombros–. ¡Me merecía una buena bronca! ¡Esta comida es infumable!

–Vamos a probarla –rió Paco–. No juzguemos solamente por el aspecto... que, en verdad, es para echar a correr.

Al final la comida no estuvo tan mal, aunque, en realidad, en aquel momento eran otras cosas las que importaban. Estaban a punto de llegar a su destino y las enseñanzas del camino, las intensas experiencias vividas juntos, pasaban por sus mentes como en un cinemascope. Cada uno había extraído de las vivencias compartidas aquello que más necesitaba. ¿Serían capaces de aplicarlo cuando el *Mojito* les devolviese al mundo real, a tierra firme?

Conclusiones del día

Haz balance. Aprende de los errores y crece con los éxitos. En todo lo que hagas, pregúntate: ¿qué he sacado de positivo? ¿qué me ha costado a cambio?

JORNADA DECIMOCTAVA

Longitud 085º 10' 03" W
Latitud 25º 32' 43" N

HASTA PRONTO ¡MOJITO!

A las tres de la mañana, avistaron por primera vez los centelleos del faro de La Habana. En la cubierta del *Mojito* se vivía sin duda la noche más intensa. Nadie lograba conciliar el sueño. De hecho, nadie lo había intentado tan siquiera. Los seis tripulantes observaban acercarse el «Nuevo Mundo» por la borda, como quien lo descubre por primera vez. Sin embargo, a diferencia de Cristóbal Colón, no era sólo euforia lo que experimentaban, sino también una tremenda tristeza, una inmensa añoranza por todo lo pasado, por la larga travesía, por las experiencias vividas, por los buenos e incluso por los malos momentos. Al tiempo que comenzaban a digerir la alegría de llegar a puerto, sentían asimismo el peso de una enorme pérdida en sus corazones. Se daban cuenta de que la felicidad no reside únicamente en conseguir un objetivo, sino también en el camino recorrido hasta lograrlo. Por eso, se resistían a perder durmiendo ni un solo segundo del tiempo que les quedaba de estar juntos. En plena cuenta atrás, el nerviosismo les impedía hacer nada que no fuese reunirse y escrutar, a través de la negra noche, el horizonte.

–¿Y ahora qué voy a hacer yo sin vosotros? –se lamentó en

cierto momento de la noche Marta, tras darse cuenta de que La Habana se hallaba ya a un paso.

Todos guardaron silencio. En realidad, César, Toni y Javier iban a seguir viéndose y, probablemente, recordando, por los siglos de los siglos, su aventura oceánica. Paco y Enrique serían los amigos del alma de siempre. Pero, ¿y Marta? ¿Seguirían viendo a Marta cuando regresasen a Barcelona?

Avanzada la madrugada, con el sol asomando tímidamente, mientras el velero divisaba ya con claridad el perfil de la isla y comenzaba a bordearla, Toni se sentó junto a Marta.

–Si te quedas unos días en La Habana, podemos visitarla juntos. Ya sabes que mis padres no llegarán hasta dentro de tres días.

Marta lo miró largamente, antes de sonreír:

–Me encantará.

Después del desayuno, Paco se puso en contacto con el puerto de La Habana para asegurarse de que habían llegado sus respectivas familias. Cuatro días antes, a través de Rafael del Castillo y la Rueda de los Navegantes, ya habían informado de que les faltaban apenas quinientas millas para tomar tierra. Por lo tanto, previsiblemente, llegarían el cuatro de enero, a tiempo para celebrar juntos la noche de Reyes. Ahora, el puerto de La Habana les confirmaba que, en efecto, un cubano llamado Zacarías Reguera, acompañado por un grupo de españoles, esperaba en el puerto al velero *Mojito*. Al escuchar tales informaciones, César y Javier comenzaron a dar saltos de alegría.

–¡Fantástico! –exclamó Enrique–. ¿Os dais cuenta de que, al final, todo nos ha cuadrado a la perfección?

Dedicaron la mañana entera, con Paco y Marta al timón, a hacer zafarrancho. Iban a dejar el *Mojito* brillante como una patena. Deseaban que Zacarías se sintiese orgulloso de haberles prestado su velero. Engrasaron las poleas, enceraron la cubierta y sacaron brillo al timón. Pusieron orden en la cocina y la despensa, lavaron los camarotes y recogieron todas sus cosas. A las doce se divisaba ya con claridad el perfil colonial de los edificios del puerto y toda la tripulación estaba en cubierta con los deberes hechos. A partir de ese momento, sin nada que hacer salvo descontar pies de distancia, se les hizo un nudo en la garganta y un pesado silencio cayó a plomo sobre ellos. Cuando los primeros pelícanos salieron a su encuentro, Javier no pudo soportar más la tensión:

–¡Ya llegamos! ¡Estamos llegando! ¿Alguien me puede explicar por qué me siento tan triste?

–Yo, ahora mismo, me daba la vuelta y me volvía a Las Palmas –bromeó Paco–. Javier, creo que lo que sentimos es normal.

A la dos de la tarde, ya casi en la plaza de amarre que les acababan de confirmar por radio, César sacó los prismáticos y divisó en el muelle a su madre y a Zacarías.

–¿Dónde están Quique e Inés? –se preguntó preocupado.

–¡Tranquilo! –le dijo Enrique pasándole un brazo por encima de los hombros–. Todos están ahí, no te preocupes.

Efectivamente, cuando iniciaron la maniobra de amarre, pudieron ver con claridad a Bárbara y los dos niños, junto a los padres de Javier, y a Vícky, la mujer de Paco. Javier, Toni y César comenzaron a saltar sobre la cubierta para llamar su atención. Y debieron de conseguirlo, ya que, en el muelle, la nutrida comitiva de recepción comenzó a agitar vigorosamente los brazos.

–¡Bienvenidos! ¡Lo habéis conseguido! ¡Sois unos valientes! –gritó Vícky en cuanto supo que podían oírla.

A escasos dos metros del pantalán, César no pudo resistir más. Sin pensárselo dos veces, se encaramó al guardamancebos y saltó al otro lado, pero sus piernas no fueron lo suficientemente ágiles e, irremediablemente, cayó al agua.

–¡Estaba cantado que algo nos tenía que pasar en el último momento! –rió Paco.

Bárbara se asomó de rodillas al agua con cara de espanto, mientras los dos niños reían como locos. En apenas unos segundos, César se encaramó de nuevo al velero asiéndose a una driza que le tendieron Paco y Toni y, casi sin llegar a pisar la cubierta, saltó de nuevo al otro lado, esta vez con éxito, y se echó, completamente empapado, en los brazos de su madre. En unos instantes, fueron Javier, Enrique y Paco quienes desembarcaron y se fundieron en un abrazo con sus familias.

–¡Lo he conseguido! –gritaba casi fuera de sí, llorando, Javier.

Paco enredaba furiosamente sus dedos en el cabello de su mujer y Enrique abrazaba, formando un círculo, a toda su familia. Toni y Marta descendieron con serenidad, miraron a su alrededor, aspiraron el cálido aire salado y encajaron el afectuoso apretón de manos de Zacarías Reguera.

–¡Bienvenidos a mi país! ¡Mis más sinceras felicitaciones!

Pasados los primeros momentos de euforia y desorden, Enrique se acercó, como patrón saliente del *Mojito*, para dar el relevo.

–Zacarías, le devolvemos el velero en perfectas condiciones.

El viejo cubano sonrió y, con una mirada profunda, dijo:

–No me cabe la menor duda de que ha estado en las mejores manos.

Acto seguido, se encaramó al puente y, de un salto, pisó la cubierta de su amado *Mojito*. Mientras César, Javier y Paco presentaban a Marta a sus familias, Bárbara observó preocupada la evidente pérdida de peso de sus hombres.

–Hijo, ¿no habéis comido?

–¡Toni echó a perder toda la carne a medio viaje! –rió éste–, y hemos tenido que sobrevivir a base de arroz hervido.

–¡Es broma! –se apresuró a puntualizar Javier–. Hemos comido pescado cada día. Lo que pasa es que hemos hecho mucho ejercicio.

–Bueno, tranquilos, esta noche recuperaréis fuerzas –dijo Vícky–. Parece que Zacarías nos ha reservado uno de los mejores paladares de La Habana.

–De todos modos –intervino Enrique–, ¿no notáis nada más en nosotros?

–¿Aparte de la delgadez? –preguntó Bárbara.

–Yo os veo serenos, y muy tranquilos –dijo Vícky–. Os sale la satisfacción por las orejas. Y no es para menos, ¿eh?

–Así es. Y esta noche lo vamos a celebrar por todo lo alto –dijo Enrique.

–¡Di que sí! –aplaudió Marta–. Los éxitos hay que celebrarlos.

Mientras desembarcaban las maletas y las introducían en la guagua que había contratado Zacarías, Marta le comentó al cubano:

–¡Cómo voy a echar de menos este velero!

–Si quieres, puedes quedarte tantos días como necesites para despedirte de él.

–¿De verdad? –exclamó Marta.

–¡Claro! –respondió Zacarías, mientras aceptaba generoso el abrazo de aquella mujer a la que había conocido apenas veinte minutos antes, pero hacia la cual había sentido una simpatía inmediata.

Con todo el equipaje ya encaramado y bien amarrado en el techo de la guagua, Toni pidió al conductor que le volviese a bajar su macuto.

–Yo también me quedo en el *Mojito* –dijo, volviéndose hacia Zacarías–. Si no tienes inconveniente... hasta que lleguen mis padres.

Ya de camino hacia el hotel, Javier comentó:

–¿Qué les pasa a esos dos? ¿Por qué no han querido venir con nosotros?

Paco sonrió.

–Creo que están a punto de embarcarse en una nueva travesía.

A las seis de la tarde, Zacarías, Marta y Toni pasaron a recoger al resto por el hotel. Los niños se empeñaron en viajar en el techo de la guagua y Paco y César, sin pensárselo dos veces, se encaramaron junto a ellos por la escalerita lateral. Bárbara estaba algo asustada.

–No se inquiete, doña –le dijo el conductor–. De allá arriba nadie se cae.

Y, guiñando un ojo a los niños, añadió:

–¡Agárrense bien!

Llegaron al paladar sin incidentes y, al descender, se quedaron parados, boquiabiertos. Tenían ante sí una inmensa y hermosísima casa colonial, rodeada de jardines de aire romántico. La propietaria, Lillian, los recibió calurosamente en la puerta y, retirándose aparte, cuchicheó con Zacarías quién sabe qué. Era evidente que ambos cubanos eran viejos conocidos. En el interior, Lillian se ofreció a hacerles un recorrido y explicarles la procedencia de las numerosas antigüedades que adornaban la mansión. Ya instalados en el comedor, Zacarías recomendó:

–Les propongo que ordenen la ropa vieja.

–¡¿Cómo?! –exclamó César.

–Es un plato tradicional cubano –sonrió Zacarías–, preparado con carne de cordero deshilachada. Pueden acompañarlo de garbanzos.

Asumieron la recomendación encantados. ¡Quién mejor para aconsejarlos! Paco había traído unas botellas de cava que había guardado en el *Mojito* hasta el momento y, a media cena, propuso realizar un brindis. El capitán fue el encargado de hacerlo.

–Brindo por nuestro éxito y por la estupenda tripulación que me ha acompañado en esta aventura –comenzó Enrique, de pie, visiblemente emocionado–. Brindo por todo lo vivido y aprendido, porque seamos capaces de aplicarlo en nuestro futuro y de compartirlo con las personas a las que queremos. Brindo porque todos hemos aprendido que, cuando se quiere algo, se consigue con esfuerzo, con paciencia, con flexibilidad, siendo creativos, autocontrolando nuestras emociones, aprendiendo de los errores y sabiendo premiar los éxitos. Y brindo por las nuevas travesías que cada uno de nosotros emprenderá, a partir de ahora, en su vida.

Y, diciendo esto, levantó su copa, dirigiendo la mano y la mirada hacia Marta y Toni. Tras décimas de segundo, se levantaron las demás copas, incluso los vasos de refresco de los niños, y un sonoro tintineo de cristales dio por concluida la aventura en que se habían embarcado dieciocho días antes, cuando eran, sin lugar a duda, unas personas completamente diferentes.

EPÍLOGO

Querido lector,

Ojalá estos dieciocho días de Travesía hayan dejado en ti la estela de un crecimiento interior; que las peripecias del Mojito y su tripulación hayan inspirado las soluciones que buscabas; y que, en definitiva, este viaje en alta mar haya sido para ti una ayuda, una reflexión. Si es así, pregúntate qué personas de tu alrededor necesitan embarcarse en nuestro velero... y regálales la oportunidad con este libro.

GLOSARIO

Adrizar: Enderezar.

Amainar: Aflojar, perder fuerza el viento.

Amollar: Soltar un cabo o escota.

Aparejos: Conjunto de mástil y velas.

Aproar: Colocar la proa en la dirección del viento.

Arreciar: Cobrar fuerza el viento.

Arriar: Bajar las velas.

Arrizar: Hacer rizos.

Babor: Lado izquierdo de un barco, mirando hacia la proa.

Baldear: regar con baldes la cubierta del velero

Bañera: Cámara abierta en la popa de un velero que contiene la rueda del timón y que se utiliza para realizar la mayoría de las maniobras.

BLU: Emisora de radio de largo alcance.

Bombilla de tope: Luz blanca en lo más alto del mástil.

Botavara: Palo perpendicular al mástil donde va aparejada la mayor.

Braza: Cabo situado en el extremo del tangón que se usa para manejar el spinnaker.

Candelero: Varilla vertical que une la cubierta con el pasamanos o guardamancebos.

Cazar: Tirar de la escota.

Cofre: caja cerrada, con tapa, que tiene un doble función: guardar cosas en su interior y sentarse sobre ella. Los cofres se pueden encontrar tanto en la bañera del barco como en su interior.

Contra: Cabo utilizado para tirar hacia abajo de una vela.

Crucetas: Travesaños situados a ambos lados del mástil.

Cuadernas: Piezas curvas que arrancan de la quilla en sentidos contrarios, hacia babor y estribor, y que forman las costillas del casco.

Cuaderno de bitácora: Diario donde se anotan las distancias navegadas, los cambios de rumbo y otros detalles de la navegación.

Driza: Cabo o cuerda que se emplea para izar y arriar las velas.

Escorar: Inclinarse el barco hacia uno de sus costados.

Escota: Cabo que sirve para tensar o destensar las velas.

Eslora: Longitud de la nave.

Estribor: Lado derecho de un barco, mirando hacia la proa.

Francobordo: Distancia entre la borda o nivel de la cubierta y el agua.

Génova: Vela grande de proa, que llega hasta la popa del mástil.

Grillete: Herraje en forma de U que se cierra con un pasador y que se emplea para sujetar poleas y otras piezas.

Grupo electrógeno: Generador de electricidad.

Guardamancebos: Barandilla que recorre los bordes de un barco.

Izar: Subir las velas tirando de un cabo.

Jarcia: Todos los cabos y cables que forman parte del aparejo de una embarcación y que sirven para sujetar, sostener o mover las piezas de la arboladura (palos, botavaras, etc.) o, directamente, las velas.

Libro de a bordo: Cuaderno de bitácora

Luces de navegación: Luces que deben encenderse desde la puesta del sol hasta su salida y en períodos de visibilidad reducida. Difieren dependiendo del tipo y el tamaño de la embarcación.

Luz química: Barrita luminosa.

Mamparos: Divisiones transversales del barco.

Mar de fondo: Mar con olas largas; es decir, con gran distancia entre ola y ola.

Mar de un metro: Ola muy ancha de un metro de altura.

Mar tendida: Mar que queda cuando desaparece el viento o que llega antes que éste y que provoca un balanceo del barco.

Mástil: Palo vertical utilizado para envergar las velas.

MOB: *Man Over Board.* Tecla del GPS que da las coordenadas exactas en caso de que alguien caiga al agua.

Mosquetón: Grillete que sujeta la vela.

Navegar al 220: El número indica el rumbo o el ángulo que forma la proa del barco con el norte.

Nudos: Medida de velocidad utilizada en el mar. Equivale a una milla (1.852 metros) por hora.

Olas cortas: El intervalo de distancia entre una ola y otra es corto.

Pantalán: muelle o embarcadero pequeño, para barcos de poco tonelaje, que entra ligeramente en el mar

Pasacascos de la sonda: Agujero que se hace en el casco del barco para colocar la sonda.

Piano: Parte del barco donde se sitúan los frenos de las drizas.

Polea: Mecanismo para izar las velas.

Popa: Parte posterior de un barco.

Potabilizadora: máquina para potabilizar el agua del mar.

Proa: Parte delantera de un barco.

Quilla: Apéndice del casco de un velero cuya función es facilitar su adrizado y evitar su abatimiento.

Red de escora: Redes colocadas para evitar las caídas cuando el barco escora.

Rolar: Cambiar el viento de dirección.

Rueda de los Navegantes: Especie de conversación o mesa redonda en alta mar, organizada cada noche, a través de la frecuencia HF, por Rafael del Castillo y sus colaboradores repartidos por todo el mundo, desde Las Palmas de Gran Canaria.

Sentina: Parte inferior del casco de un barco.

Sotavento: zona resguardada del barco, en la dirección del viento.

Spinnaker o Spí: Gran vela de proa en forma de balón, de tejido ligero y vivos colores.

Tambor: cilindro de madera en el que se arrollan los guardines del timón.

Tangón: Palo que sujeta la vela abierta.

Traje de aguas: Traje impermeable.

Vela mayor: Vela principal y más grande de un velero.

Veleta de viento: Veleta que indica la dirección del viento.

Vientos alisios: Vientos favorables que se encuentran hacia los veinte grados de latitud.

Viento de fuerza tres: Equivale a decir que la velocidad del viento es de entre 7 y 10 nudos.

AGRADECIMIENTOS

Dicen que es de bien nacido ser agradecido y, por eso, quiero expresar mi agradecimiento a todas aquellas personas que me han ayudado, directa o indirectamente, para que este libro fuera una realidad. Espero no dejarme a nadie...

A Carlos Piera, mi hijo, pues gracias a que me recordara durante años que quería hacer un día la Travesía al Caribe, me inspiré en el paralelismo del libro.

A Itziar Ripoll, que hace años que insistía en que debía escribirlo.

A Imma Muñinos que ha sido la persona que ha estado a mi lado, codo con codo, ordenando mis ideas, ayudándome a redactarlas y revisando capítulo a capítulo cada palabra hasta lograr que este libro llegase a buen puerto.

A Ramón Raventós, que estuvo a mi lado en el principio del libro y me dio ideas para dar los primeros pasos.

A Alexandre Amat, por la confianza que puso en mí desde el primer momento en que le comenté mi intención de escribir La Travesía. Su palabra, cuando la da, vale más que su firma.

A Maru de Montserrat, mi agente literaria, asesora, representante y amiga, por su entusiasmo y energía, pues sin su apoyo y guía no hubiera acertado en todas las decisiones tomadas.

A Chituca por su sonrisa, simpatía y profesionalidad, pues ha sido la persona que ha pasado más horas a mi lado solucionando los miles de detalles que un libro conlleva. Es un placer estar con ella por la ilusión que pone en todo lo que hace y por su capacidad para hacer fácil lo difícil.

A Jordi Nadal, por su energía, alegría y facilidad que tiene en lograr que los equipos se motiven y disfruten trabajando.

A Editorial Planeta y, en especial, a todo el equipo de Alienta pues sin ellos hubiera sido imposible un lanzamiento tan profesional.

A Josep Feliu, por su gran profesionalidad y creatividad para diseñar las ilustraciones que acompañan este libro, ya que ha sabido transmitir perfectamente el mensaje.

A todos aquellos navegantes que me enseñaron lo que es el mar, a todos aquellos que estuvieron a mi lado en diferentes regatas o singladuras, como: Mado, Juan Gironés, Tere, Fido, Mary Jo, Mireya, Mónica y Aurelio, Joaquín Verona, Cristina Zander, Fabrice, Gino, Angel, Carlos Malagrida, familia Twose, Jan Santana , Esteban, Toni Tio, J. Mª Monjo, Inés y Jacinto, Siscu Soldevila y familia, Rafael, Xiqui, Marta, Maite, Angélica, Basili, y tantos y tantos otros.

A José Luis Úbeda, por ser un profesional incombustible al desaliento y un trabajador leal de los que ya no existen, gracias por su testimonio y por todos los consejos siempre acertados que me ha dado.

A Xavier Mendoza por su amistad a lo largo de todos estos años; por ser incondicional, vital, positivo y reflexivo; por compartir sus conocimientos con los que le rodean haciendo que aprendan y crezcan a su lado.

A José María Orduña, por su honradez en todo lo que dice y hace; por su sencillez a la hora de apoyarme y por regalarme su opinión y sabiduría.

A Francisco Calderón, porque después de tantos años continúa firme como el primer día, con la misma ilusión, sencillez, profesionalidad y empuje. Es un placer estar a su lado y aprender de su sentido común y calidez.

A Plácido Fajardo, por su hermosa cita; por su poder de síntesis; por dar siempre palabras de aliento y apoyo cuando más se necesitan, y a su mujer, Raquel, que aún sin conocerla me mandó este mensaje: "Me gusta La Travesía".

A Kiko Fargas, Andi Peñuela y Esteban Vergés, ya que me inspiré en ellos para crear algunos de mis personajes.

A todos los amigos y compañeros de CMR y TMI, ya que gracias a ellos he aprendido cómo lograr motivar y transmitir cada una de mis ideas en los muchos seminarios en los que he participado.

A Rafa Suárez, Lydia Mondéjar y Beatriz Roca que me han ayudado en los momentos en los que yo ya no daba abasto con mi tiempo.

A Carlos Alonso, por haberme liberado de algunas de mis obligaciones facilitándome así el tiempo que necesitaba para escribir "La Travesía".

A los miles de participantes que han asistido a mis seminarios, ya que han sido fuente de anécdotas, experiencias, inspiración y sabiduría práctica para mí.

Visita el sitio web:
www.alientaeditorial.com/latravesia